U0909296

ZHEYANG ZHENGMIAN GUANJIAO ZUIYOUXIAO

这样正面管教最有效

青少年给父母的建议

QINGSHAONIAN GEI FUMU DE JIANYI

〔美〕玛丽·西蒙斯（Mary Simmons） 著

丁郡瑜 译

UNITY PRESS 團結出版社

图书在版编目（CIP）数据

这样正面管教最有效：青少年给父母的建议 /（美）
玛丽·西蒙斯（Mary Simmons）著；丁郡瑜译. — 北京：
团结出版社，2016.8
ISBN 978-7-5126-4442-7

Ⅰ. ①这… Ⅱ. ①玛… ②丁… Ⅲ. ①青少年教育—
家庭教育 Ⅳ. ①G782

中国版本图书馆CIP数据核字（2016）第208481号

Original title: Discipline Me Right

First published by Cedar Fort, Inc. in 2009
www.cedarfort.com

这样正面管教最有效：青少年给父母的建议
〔美〕玛丽·西蒙斯（Mary Simmons）著　丁郡瑜译

出　　版：团结出版社
（北京市东城区东皇城根南街84号　邮箱：100006）
电　　话：（010）65228880
发　　行：（010）51393396
网　　址：http://www.tjpress.com
E - mail：65244790@163.com
经　　销：全国新华书店
印　　刷：北京佳顺印务有限公司

开　　本：170×240　1/16
印　　张：15
字　　数：117千字
版　　次：2016年10月第1版
印　　次：2016年10月第1次印刷

书　　号：ISBN 978-7-5126-4442-7
定　　价：36.00元

献给我的父母、学生和给予我教导的所有人

——玛丽·西蒙斯 与 伯特·西蒙斯

推　荐

这是每位家长必须阅读的一本书！家长们会发现，运用优秀的行为管理技巧，就能帮助孩子建立起自信、自尊和自律。从 29 年的高中教育生涯里，我认识到，学生需要规则和限制，尽管他们总是在测试和挑战这些规矩！本书将帮助家长学会如何有效执行规矩，守住行为边界，同时也让孩子看到爱和尊重！花点时间对孩子进行正面管教，使他们成长为成功的成年人，回报你曾给予的尊重、爱和信任，难道不值得吗？

——葛琳娜·R·卡侬（Glenna R. Cannon）

先锋职业技术中心，负责人

《这样正面管教最有效：青少年给父母的建议》是每位家长、教师和教育管理者的必读书。无论是你已经有孩子，或是正在计划要孩子，或正在教育孩子，或从事某种教育活动，此书正是你所需要的。我曾担任小学、初中和高中校长，看到玛丽·西蒙斯精心写作了信息内涵如此丰富的一本书，感到非常激动。本书实用性强，坦诚直率，富有现实意义。

处在成长阶段的年轻人和孩子们既渴望行为规范，他们也需要行为准则，需要持续而公正的管教。毫无疑问，该书作者做了一项伟大的工作，指出了家长和教育工作者日常遇见的主要问题。最重要的是，她列出了处理这些问题的技巧和策略，无论是父母、老师、教育管理者，还是其他从事抚育、教育、培育工作的人员都能有效运用。我再次向你郑重推荐《这样正面管教最有效：青少年给父母的建议》一书，绝对值得一读。

——乔伊斯·M·格瑞（Joyce M. Gray）博士

Jam G 咨询公司，董事长 & 创始人

犹他州黑人学校教育联盟，董事长

目 录
Contents

第 1 条建议：正确管教孩子
（代序）

我是一名英语教师，同时也是一位家长。我和高中学生一起学习作家朱迪斯·盖斯特（Judith Guest）的小说《普通人》（Ordinary People）时，总要求他们写下“对父母的十条建议”。这一活动持续了 5 年，大约有 500 多学生参与。这项活动的开展，不仅督促他们去思考该小说里有关子女教育的重要主题，也促使他们思索自己想成为什么样的家长。我这样对他们说：“尽管你们现在还不是家长，但你们中大部分人总有一天会为人父母。这么设想一下：尽管你还不是父母，但你已经是这方面的专家了。你们观察了自己的父母 18 年，你们知道哪些养育方式有效，哪些无效。”一开始，这只是一句用来启发他们思维的玩笑话。但事实上，成效比想象中要好得多。

后来，我把他们的上千条建议进行了打印统计，发现了一组排序清晰、让人印象深刻的建议：

1. 正确管教我
2. 提供良好条件
3. 给我自由
4. 做好榜样
5. 陪伴我
6. 尊重我的个性
7. 尊重我的隐私
8. 爱我
9. 别让我难堪
10. 抱有合理的期望

这些建议在一定程度上反映了思维发育相对成熟孩童的想法。毕竟，这些高中生处在十七八岁的年龄，正趋近成年，他们更关注自主、自由和获得尊重。然而，正如我们所看到的，他们的建议几乎毫无例外地反映了教育工作者、儿童心理学家和睿智成熟的人们长期以来一直所提倡的观点：儿童需要正面管教（排在首位）、支持、自由、行为榜样、父母陪伴和关注、尊重、隐私、爱和期望——并且，孩子对这些因素的需求排序是根据他们的选择数量来确定的。爱并不是排在首位，而是排在第八位。爱并非需求的全部。排在第一位的，也是最重要的：孩子需要行为规范。他必须接受这样的教育：知晓如何尊重他人，如何在社会中与他人合作。要实现这一点，仅靠耳濡目染是不够的，需要通过教育来解决。

但是，在许多美国家庭里，教育这项世界上最重要的工作却完成得不好。陪伴孩子长大的是各类电子产品，如 iPod、手机、电视、网络及经常充斥着各种冷血暴力的电子游戏等。孩子所接触的成年人大多不是他们自己的父母，而是一些对儿童教育可能有兴趣、甚至没兴趣的人：如公交车司机、保姆、保育员、乳母、老师、教练、管理者等。孩子们在电视和电影中所看到的行为榜样往往是粗鲁、缺乏同情心且蠢笨的角色，在互联网上他们能观察到的是 MySpace 和 YouTube 网站上传的各种滑稽行为。除此之外，网络上还可接触到各种色情信息，在这些信息中，人们的身体像物体一样被当作使用对象，就像电子游戏中射击者的靶子。

这传递了什么样的信息？“人是可消耗的物品，他们不那么在乎，所以孩子你也不用在乎。”媒体从什么时候开始承担起了养育孩子的职责？为什么这么多人不自己培养孩子，这样将会带来什么样的后果？

缺乏引导、限制和管教的后果是，尽管社会近年来掀起了自尊自爱的文化浪潮，但孩子们依然感到满足感、安全感和关爱匮乏。这些孩子内心的挫败感以各种不同方式表达了出来：

1. 不尊重父母，包括违反指令、夸夸其谈、说脏话、偷盗、身体和精神上的伤害

2. 非法吸毒、酗酒和滥用药物

3. 充满攻击性、厌食、神经性贪食、自杀（他们不仅自残，也借助个人网页和其他网络渠道攻击他人。运用手机、文本等方式传播流言蜚语，恐吓他人，或直接挑起语言上和肢体上的争斗。）

4. 叛逆，尝试性行为导致多次怀孕和堕胎，更不用说乱交后带来的心理后果

5. 不服从也不尊重其他权威人士，如教师，导致教师这一

职业相对从前变得更加艰难，新教师退出率达到警戒线水平（直白地说，孩子们的不当行为使这个国家出现了教育危机；在所有新教师中，有 50% 的新教师在从事教职工作的头 5 年就选择退出。）

许多家长并不知道该如何教育孩子。在美国，有的家长能力欠缺，有的家长掌握了部分教育知识，还有极少一部分家长知道如何在不同情形下管教孩子。我们都希望他们能成为第三种家长。

看到学生的首条建议与正确管教孩子有关，我意识到，有必要和父亲探讨一下写作本书了。我的父亲伯特·西蒙斯以前是教师，担任过校长，现在是他自己公司——西蒙斯教育公司（Simmons Associates, The Education Company）的教育顾问。他的公司为美国许多学校提供“综合行为管理系统”。换句话说，我的父亲是一名管教教育方面的专家。我喜欢他的教育方式和管教方法，而我作为教师角色最欣赏的还是他的教育技能的实用性。伯特·西蒙斯为人务实，注重解决问题，他的教育方法也行之有效。他很热情，平易近人，同时也严肃认真。我知道他在实践中磨练掌握了多年丰富经验和独特的教育技巧，同时，作为五个孩子的父亲，他能帮助那些在相似教育困境中苦苦挣扎的家长们。在对自己孩子和学生的教育中，我也运用了他的教育技巧，取得了很大的成功。伯特所传授的技能帮助我们建立了个人界限意识和权威感。

这就是本书的来历。这些技巧及其背后隐藏的儿童教育理论，从来没有像今天这么有用过。他的方法并不复杂。几项核心技巧、自信的心态和一项计划——这就是本书包含的全部内容——你就能成为孩子们所迫切需要的那种家长。

父亲作为教师、管理者和教育咨询顾问，从事教育工作长达 50 年，他认为美国 40% 的父母缺乏教育理念。这就意味着，每 10 个家长中，就有 4 个不知道该如何教育自己的子女。无知型父母对自己的孩子倾向于消极而放任（放任自流）——或表现出过度对抗（大喊大叫、尖叫痛骂和体罚）。在管教孩子方面，既有正确的方法，也有错误的方法。

的确，有些家长根本不在乎自己应承担的养育职责，但是绝大多数父母还是很关心子女教育问题的：他们希望用正确的方法来教育子女，但是却不知道应该怎么去做。在 40% 的无知型父母中，绝大多数人认为只要爱孩子就够了，他们希望对孩子的爱能弥补自己所犯的一切养育错误。他们认为，尽管自己采取的管教策略不那么有效——或者压根就不管教，但孩子最终会变好的。但事实是，孩子不可能自行变好。管教对孩子来说是如此重要的一种需求，如果这种需求没有得到满足或受到抑制，孩子就会愤怒，且有被剥夺感。每年，社会上出现越来越多易爆易怒和孤独不合群的年轻人，直接原因就是他们的父母缺乏教育技巧。

光有意愿是否就够了？光有爱是否就够了？在公共场合，我们经常能看到，小到两岁的孩童，大到二十二岁的成年人，他们对父母的各种不尊重行为：孩子在小卖部尖叫，闷闷不乐的少年对父母出言不逊，小孩子推搡着父母，父母推搡着孩子，孩子打父母，父母打孩子。如果你是教师，你就不得不应对孩子们从家里学来的各种不礼貌行为。我们都接触过商店、饭馆的一些年轻服务员，他们既不知道怎么说“谢谢”，也不认同自身应遵守的行为规范，或者甚至连尊重老人的概念都没有。也许某些时刻，我们会认为，有爱就足够了。披头士乐队有首充满理想主义的歌曲“你只需要爱”（All You Need Is

Love），自二十世纪六十年代至今仍然深入人心。但是，养育孩子这件日复一日、又脏又累的苦活告诉我们事实并非如此，爱并非人们的全部需求。管教教育必须先行，家长需要了解一些简单的教育技巧。这正是你需要本书的原因。

即使你属于另外 60% 的父母，绝大多数情况下能很好地处理孩子的教育问题，但你仍有必要掌握一些重要的技能来应对某些棘手的时刻。一定会有这种时候，我向你保证。

具有讽刺意味的是：这些孩子日常生活中在家长和老师面前调皮捣蛋——和我们争吵、不断试探我们的底线、挑战我们的权威、为达成某种心愿而死缠烂打、不做家庭作业、试图让我们有负罪感、晚上偷偷溜出去参与一些冒险活动、大喊大叫、哭喊、做出一些明显不理性的行为——但他们同时也清楚地知道他们对成年人的管教需求是什么。正是这同一拨孩子，提出了“正确管教我们”的首条建议，也说明了这一点。

孩子本能地知道他们对父母的需求。然而，他们并不总是有意识地知晓他们的需求是什么，或认识到满足需求的时间是何时——特别是如果满足需求的方式违背了其自身意愿，即使需求得到了满足，他们也未必真的喜欢。孩子也许很清楚自己对父母的需求，但对满足需求的方式并不清晰。同样，许多父母也不知晓。在本书中，你将看到年轻人的智慧，并将学会运用技巧和生活阅历来使之达到平衡。

类似的忠告层出不穷。因此，可以关注一下哪些建议出现次数最多，这个过程很有趣；按照重要性对提出的建议进行排序，这一点很重要。本书的每个部分都是第一条建议的子话题。在每个章节的开头部分，你会看到这样的语句：“孩子们的原话”，然后是“解读如下”。之所以进行解读是因为，高效、坚定、积极主动的父母都知道，孩子有敏锐的直觉，但是终归还不够成熟，尚未掌握足够的知识。知道如何解读孩子的观点对于形成一个全面公正的成人观点至关重要。

管教必须先行，才会产生爱。如果父母将“爱”视为一种简单的感情——对幼儿温暖的养护之情，那么家长就会陷入教育困境。要记住，学生给家长的十大建议中，“爱”排在靠后的第八位。要牢记，管教也是爱的一种表现形式。确实，爱隐藏在每一个积极正面的养育行为中。只是有时候，爱也要求我们去做一些比较困难的事情。爱需要勇气。爱要求我们不仅要拥抱孩子和给予温暖的安慰，同时也需要严厉，需要采取一些让人不那么舒心的方式来说教和行动。第一条建议，管教，就是爱的行动——让爱发挥作用。这不是模糊不清的爱，也不是大而化之、老生常谈式的爱，比如“你只需要爱”；这也不是懒惰的爱，不是“政治正确”的那种爱。

所以，我们必须改变观念。“政治正确”建立在民主和平等权力的理念基础上，这在家庭中并不适用。政治正确的一个最初目标是使对抗最小化，通常针对的是种族、文化或某些身份群体。这是对的。但是，政治正确这一理念很不恰当地渗透到了美国家庭生活中。许多父母害怕冲突对抗；他们不想做坏人。他们害怕被认为小气、不友好；害怕被人品头论足。他们怕如果行使了家长权威，就会被认为是严苛甚至暴虐的父母，所以他们放弃了在家庭和社会上本应行使的权威职责。这正是太多家庭的乱象：因为父母害怕承担责任，孩子变成了主导者。听起来是不是很荒谬？让我们继续读下去。

现在，让我们假设，政治正确的根源是出于包容和接受所有文化和个性的心理——这个理由很高尚。同样，这也是在尝试试图善待所有人，帮助那些无法享有特权的人——这是另一个值得尊敬的理由。然而，当政治正确与司法体系结合后，就产生了恐惧文化。推翻压迫（压制）的初衷就被恐惧司法报复所代替。如果你不以某种方式来说、来做或对待他人，你就会陷入一堆麻烦中。你可能会被人起诉。现在，人们普遍害怕说出自己的想法，或害怕表现出政治上的不正确，这对这个国家的言论自由和行动自由产生了麻痹效应，同时也使人们在抚育孩子的过程中不敢承担责任。

另外，抱持政治正确观念的人关注的是受害者和受害者应获得的补偿。这与“不管环境如何，人们都应该为自己的生活负责”的理念恰好相反。这并不是说，真正的受害者不应该接受补偿和受到帮助，但我们都知道，帮助被压制者的真实目的已经被扭曲了，司法系统被那些一味通过诉讼来获取赔偿的人敲诈勒索了。政治正确的受害者心态与健康的家庭生活背道而驰。

采用委婉说法也在一定程度上改变着我们的家庭生活。如今，所有的事情都奉行委婉主义，尤其是在教育上——所有不可接受的行为要么被原谅，要么被打上标签。教师们都习惯了父母为自己的孩子找借口：“乔尼患有注意力缺乏症（ADD），所以他没法做家庭作业。”但是实际上，乔尼却被允许随心所欲地、不受时间限制地玩他喜欢的电子游戏。一个人如果一天只睡两三个小时，没有人能集中注意力或具备职业道德。还有一个我个人很喜欢的例子："吉娜患有对立违抗性障碍（ODD，Oppositional Defiance Disorder），所以她冲着老师大喊大叫，不惧怕当众吵闹。"但实际情况是，吉娜的整个生活都毫无规矩可言，进而演变成缺乏自控能力。

众所周知，找借口又被称之为赋予权力。我和其他一些儿童教育倡导者想弄清楚政治正确理念对抚养孩子会产生什么样的影响。我们必须说出真相，不再找借口，对自己的家庭负责。在政治正确的理念下，任何情形都是一种民主。每个人都有权获得平等的权力。在政治学中，这个观点是恰当的，但在家庭中，却并不一定正确。近年来，教育工作者被要求创建"民主教室"，在这个课堂上，鼓励孩子们发声，并就其关心的教育内容做出决定。在某些有限的情形下，这种方式是有益的，但是，教师的智慧和权威绝不应该向不成熟的青年人妥协。你难道真的希望孩子来设计课程吗？我想你不会赞成，你也不会介意孩子们的建设性建议是否被老师听取和接受。这一点在家庭养育中同样适用。孩子应该能亲近可信赖的父母，对家庭生活的运行提出建设性建议，但是家长——只要他是一个健康的、充满爱心的成年人——的权威绝不能向孩子的意愿妥协，或被孩子的意愿所压倒。家庭生活政治化往往会导致这样的理念：

- 孩子应该有平等的权利（与父母有同等的权利）；家庭是民主的。
- 从小就能给孩子讲道理。
- 从小就能培养孩子的是非观。
- 任何形式的体罚都是虐待儿童。
- 家长无论何时都不能恼怒或生气，和孩子说话应始终保持心平气和的语调。
- 家长如果不让任性且兴致勃勃的孩子随心所欲，就是在扼杀孩子的创造性和表现力。
- 孩子的错事应该得到辩护，受到保护，并且获得原谅，因为找出过错会引发负罪感和其他负面情绪。
- 无论多么耗时费力，家长的职业计划都应契合孩子的需求。
- 要经常咨询专家，因为他们总是知道得最多。

认为青少年是小一号的成年人，因此应有相应的权力和特权，这种观念无疑是荒谬的。青少年处在成长阶段，他们需要成年人的帮助、指点、引导和管教。

抱持“政治正确”观念的人认为，冒犯他人不合时宜，但是为了孩子的茁壮成长和健康发展，孩子必须接受冒犯！他们了解得还不够多！抱持“政治正确”观念的人认为，每次争论或斗争都是在行使权利、控制力、力量和强制力，也许是这样，但这种政治性的讨论在家庭范围内不应该出现：这不是民主，也不应该是民主。一个健康的家庭应该是充满爱意的独裁组织，组织中有能影响所有家庭成员的明确职责和行为边界。

非抱持“政治正确”观念者的养育方式则是另一种选择，且它并非出于懒惰或不负责任。到了睡觉时间，走上前拿走孩子的画笔，并不是在压制孩子的创造性。禁止孩子采取不礼貌的说话方式，并不是在限制孩子的表达。现在到了听从你内心和直觉的时候，到了听这些大孩子——青少年——在本书提出建议的时候了。他们已经长大，能够回顾和反思父母对他们采取的最好和最坏的养育方式了。

我爱青少年，爱的是他们的幽默感、自发性和早慧。我常常惊讶于他们所说的一些有趣的事，他们看待文学作品时不同寻常的观点和他们“保持纯真”的能力，也为他们感到高兴。青少年都在寻求真实的自我。每个青少年都在探索自我定位——不同于自己的父母、兄弟姐妹、朋友，以及他们开始知晓的集体“自我”。正如所有孩童一样，青少年处于一个持续的自我形成过程中。在这个过程中，他们经历着比我们所知的更多选择——和更多压力。在这个特殊的生活阶段，他们的情绪和个性每时每刻都在变化，他们感谢别人的诚实，也想对自己诚实，他们感谢一直关心照顾他们、信任他们的成年人。所以，他们需要我们，因为他们仍然是孩子。

青少年也许看上去像成年人，甚至有时候行事也表现得比较成熟，但是，即使是最成熟、最有责任感的孩子也不可能所有时间都表现成熟或富有责任感，这也不是一件坏事。例如，我的一个高中女生是 A 类学生，高中阶段每周工作 20 小时，同时为几个学生社团服务，由于学校管理者非常信任她，她还同时参与学校的管理工作，但即使是这样的孩子，偶尔还会在我面前表现出孩子气的一面。一天放学以后，她留在学校准备谈话。当时，我边说话边挪自己的桌子找东西，没有抬头看她。后来，我抬起头，发现她正边聊边在一排桌子上面走，从一张桌子走到另一张，似乎她是一个小仙女，桌子是百合花垫子。如果是成年人，肯定不会有这样的举动；她更像一个六岁左右的孩子正在做特别有挑战性的走平衡木运动。尽管她已经18岁，称得上是班上最成熟的孩子，但显然，她仍然是一个讨人喜欢的孩子。

困难的是，要记住，这些青年人正处在成年的门槛上，具备承担某些成年人职责的能力，也有能力创造生活并付诸实践，但在现实中，他们仍然是孩子。他们需要责任感和尊重；也应该给他们犯错和自我成长的机会。同时，他们的生活中也需要成年人稳定的陪伴。大孩子也像小孩子一样，仍然需要管教、经济支持、安全而稳定的环境和道德方向指引，而我们的社会文化似乎在决意毁坏他们和亲子关系。我希望，我所教过的这些优秀青少年会接受自己的建议，以后自信而周到地抚育自己的孩子。我更希望，已经为人父母的人们能够从内心真正接受这些高中生的建议，从而改变这个国家的教育。

当你打算成为父母时，你就在经历信仰的重大改变。尽管电子娱乐时代在缩短孩子的注意力，弱化他们的读写能力，尽管媒体上充斥着色情和性的信息，尽管孩子从电子游戏、电影，甚至晚间新闻中都能接触到可怕的暴力新闻，尽管物质主义思想让许多父母把时间精力放在赚更多的钱和买更多的东西上，对孩子的关注减少，尽管存在上述这么多情况，但你还是应该相信，在充斥着毒害的二十一世纪的美国，你的孩子仍应成长为充满爱心的、有礼貌的、富有同情心的成功人士。

这样是对的。但只有你意识到自己作为家长在孩子的生活中——或者生活的某个阶段——扮演着很重要的角色，你才会做出正确的行为。如果你能，也只有你愿意按照家长这个重要角色职能的要求履行必要的步骤，做出必要的选择，你才能创造出这一奇迹。

本书将告诉你一些技巧，来修复在当今社会文化下饱受攻击的亲子关系纽带；本书还会告知你如何遵从我的学生们和伯特·西蒙斯的建议，恢复你和孩子之间脆弱的信任感。毕竟，你希望孩子能成长为一位受尊敬的人，“一位拥有同情心、注重承诺、有勇气的人，一位其生活受到力量核心（core of strength）和公平准则（code of fairness）指引的人”。正如二十世纪六十年代儿童心理治疗专家海姆·吉诺特（Haim Ginott）所解释的那样——“要实现这个高尚的目标，我们需要高尚的方式。仅仅靠爱是不够的。有洞察力也不够。只有良好的养育才能成功。”[①]

也许，我们可以从喜马拉雅山区人们的生活中获得一些启示。近期《西雅图时报》（Seattle Times）有一篇文章写道：“长期以来，不丹这个喜马拉雅山区的小小村落之国摒弃了将国民生产总值作为衡量人们生活的做法。他们的国王认为，这个国家的人民应该追求国民幸福指数。[②] 在本书中，我们将要探讨，什么才能真正让父母和孩子感到快乐幸福。有了正确的管教技能和正面权威，我们就能渴望幸福，获得真正的快乐，为人父母的快乐也才回归它本来应有的模样。

说个题外话，也许教师们已多次听过类似的故事——只有细节稍许不同。所以，本书中所呈现的人物和场景都是真实发生并经加工的，听起来很像某个人和某个场景。除了经本人同意使用的名字外，其他名字都是虚构的。我已经尽可能保护所有人的隐私，如虚拟人物与现实人物有任何雷同，纯属巧合。

---

① 海姆·吉诺特，《父母与青少年》（纽约大学：麦克米伦公司，1969），第 243 页。

② “我们到底有多快乐？丹麦人是 8.2，美国人只有 7.4”。斯特林，美联社《西雅图时报》网络版：http://seattletimes.nwsource.com/html/nationworld/2003855122_happy27.html。

前 言

父母是孩子幸福快乐最重要的决定因素。父母也是孩子生活中独有的最重要的影响力量。不管是父母作用发挥较好的，还是不尽人意的——不管是好家长还是坏家长，这一点都概莫能外。我们长大以后能变成什么样的成年人，正是由孩童时期的经历所决定的。儿童心理学家罗伯特·肖（Robert Shaw）认为，母子关系“让人难以置信”，“绝对独一无二”，“是我们文化中唯一的、最神圣的东西”[①]。在加里·朱卡夫（Gary Zukav）的畅销书《灵魂的座位》（The Seat of the Soul）中，他这样清晰地表述为人父母的重要性：“你的父母是你一生中最亲近的灵魂，对你的影响也最大。”[②]这并不是说我们要为生活中出现的错误而责怪父母，也不是说童年生活环境不够好，

---

① 罗伯特·肖，《流行病：美国文化的腐朽，教养缺位与放任养育，以及随之产生的大批苦闷自私的儿童》（纽约：里根书局，2003 年），第 34 页。

② 加里·朱卡夫，《灵魂的座位》（纽约：Fireside Books，1989 年），第 199 页。

人们就得不到成长，也并非意味着父母应该时刻担忧自己是否优秀。现在的问题是，人们认为亲子关系不再像我们曾经认为的那样重要。这显然会影响我们管教——或不管教——孩子的方式。

在《从风险到应变能力》（From Risk to Resilience）一书中，教育学家、咨询专家 E·蒂莫西·伯恩斯（E. Thimothy Burns）提醒我们，过去五十年间，世界发生巨变，既影响了教育本身，也影响了我们培养孩子的方式。五十年前，养育和教育不存在政治正确的说法。伯恩斯指出，1963 年前，美国每个毕业班都要展示孩子在纪律、主动性、成绩和理解能力等方面的进步。换句话说，随着每年时间流逝，“让青少年成长为有竞争力的、发展相对全面的成年人个体，具备步入成人世界的能力”似乎在逐渐变好——但到 1963 年一切戛然而止。[①] 1963 年发生了什么事？肯尼迪在大庭广众下遇刺，年轻人吸毒人数激增，电视成为家庭中毋庸置疑的重要成员。

直到 1963 年，媒体以势不可挡的潮流，全面接轨人们的生

---

① E·蒂莫西·伯恩斯，《从风险到应变能力》（达拉斯：马可波罗出版社，1994 年），第 24 页。

活。我们也从一个以农业为主的、家人亲朋邻居共同生活、共同工作、联系紧密、彼此依赖的社会，转变成90%的人们生活在城市和城郊的社会。在过去，亲戚、邻居和大型社区为孩子提供了一张“安全网”，但社区衰退的新变化降低了成年人数量，由此孩子所能获得的认可和支持也在削弱[①]。

过去，孩子们习惯与父母相处更长时间——由此所获得的管教远远比现在多得多。伯恩斯引用E·斯蒂芬·格伦（E. Stephen Glenn）的研究指出，二十世纪三十年代，孩子一天时间里有三到四个小时与其家庭成员交流，但到了二十世纪九十年代，中产阶级家庭的孩子平均一天与父亲相处的时间只有十二分半钟。[②]如果说父母是孩子生活中最重要的人，那一天之中仅有短短十几分钟的相处，这样是否合适？

伯恩斯承认，二十世纪七十年代，卡特政府曾试图解决青年人成绩差、生活质量日益颓废——青春期妊娠、自杀、醉酒、吸毒、缺乏自尊、逃学——等问题。他们拨款设立了很多项目

① E·蒂莫西·伯恩斯，《从风险到应变能力》（达拉斯：马可波罗出版社，1994年），第24页。

② 同上，第27页。同可参见E·史蒂芬·格伦，《在这个自我放纵的世界培养自理的孩子》（纽约：兰登书屋，2000年）。

和机构来帮助青年人恢复正常生活，但事与愿违，情况变得越来越糟糕。[1]我们不得不承认，这些问题、这些症状不可能依赖政府解决。只有通过家庭管教和亲子关系的改善，才能从根本上解决问题。

现在的美国有历史上最庞大的脱离现实的、心怀不满的青年人群体，如果他们不能首先成为合格的现代人——成长为身心健康、遵守规范、内心认同现代社会普世价值和期望的人——那么他们就不可能恢复成好人。每年，教师在课堂上都能看到大量缺乏教养、举止不当的行为。按照伯恩斯的观点，这是由于孩子的发展需求没有得到满足、社会环境压力不断增加造成的。[2]许多家长对自己孩子的需求甚至一点都不关注。孩子被放任在充满邪恶的潮流文化中成长，这种文化蚕食他们的脆弱，挑战人类行为的底线。

其结果是，越来越多的孩子饱受精神错乱的摧残，缺乏感情纽带的联结和归属感，行为失范，或者无法正常分辨是非。E·蒂莫西·伯恩斯借用儿童心理学家尤里·布朗芬布伦纳（Urie

---

① E·蒂莫西·伯恩斯，《从风险到应变能力》（达拉斯：马可波罗出版社，1994年），第29页。

② 同上，第13页。

Bronfenbrenner）的几个重要概念来描述，需要牢记：

疏离感（Alienation）——“缺乏人体健康的某些关键要素。缺乏是非观，缺乏情感纽带的联结感和／或归属感。”①

行为失范（Anomie）——“通常指‘缺乏行为规范’——不知道行为规范是什么。他们生活在一个没有组织、没有架构的环境中，不了解正常状态是什么样。对我们大部分人来说，‘正常状态’意味着一种文化，多多少少有清晰的价值观，对不能做的事情有持续约束，对应该做的事情有奖励和鼓励。”另外，行为失范还描述了这样一种情形，其特征是缺乏有效应对紧张情绪的技能。②

像这样的孩子就缺乏正确行为的相关指导。他们没有接受过管教。正确的行为是被教导出来的。管教方式有对的，也有错的。例如，我们知道，打骂孩子不对，但我们也应该知道，过于耐心也是错的。在政治正确的教育模式中，不允许父母对

① E·蒂莫西·伯恩斯，《从风险到应变能力》（达拉斯：马可波罗出版社，1994年），第13页。

② 同上，第14页。

孩子心烦或指责孩子。抱持政治正确观念的父母也不能向孩子表现出失望或生气，因为这样可能会打击孩子脆弱的心理。

儿童心理学家罗伯特·肖在其著作《流行病：美国文化的腐朽，教养缺位与放任养育，以及随之产生的大批苦闷自私的儿童》（The Epidemic: The Rot of American Culture, Absentee and Permissive Parenting, and the Resultant Plague of Joyless, Selfish Children）中再次提示我们之前见到过的场景——父母带着“政治正确，措施恰当”的腔调要求公众场合举止不当的孩子停止其行为——而不是当机立断强制要求孩子立刻停止，孩子如果发脾气，必须强行将其拖出现场。肖指出，这样的孩子就是“在忍受母亲优柔寡断的折磨”。[①]

年幼的孩子并没有牢固的道德基础，七岁以后，孩子才会产生“主动做正确的事情”的意愿。[②]要让年幼的孩子真正理解是与非之间的差异，需要花很长时间来讲道理、说原因、讨论什么是正确什么是错误。如果家长一直保有耐心，坚持政治正确的养育方式，就会给孩子大量“当家作主”和颠覆家庭民主的时间。

---

① 罗伯特·肖，《流行病：美国文化的腐朽、教养缺位与放任养育，以及随之产生的大批苦闷自私的儿童》（纽约：里根书局，2003 年），第 117 页。

② 同上，第 160 页。

承担主导职责

所以，承担主导职责到底应该是什么样？按父亲的话说，这是一门技巧，他已向成千上万的父母传授过经验：

需要提醒孩子，谁才是管事者。当孩子被问道“谁是你妈妈”时，看看会发生什么：

“你是我妈妈啊。”孩子这样回答。

“那现在谁说了算？”

“你说了算。”

也可能出现这种情况：

“谁是你爸爸？”

“你是我爸爸。”

“谁说了算？是你还是我？”

如果你面对的是一个真正叛逆的孩子，孩子可能会说是他说了算，那么对话可能会变成这样：

“嗯，是我，”她会这样说，“我要主导我自己的生活。”

“是这样，但现在是谁主导这个家庭？”

“但是你不公平……”

“暂停，”你说，“谁是你的爸爸？”

这时，父母的角色就应定义清楚。如果家里有一个叛逆的孩子，澄清父母角色定位的时间就会相对较晚，因为在孩童早期，这种定位没有很好地建立起来。到初中或高中阶段，家有叛逆孩子的家长就要尽快补上这一课，因为父母的权威没有在早期建立起来，孩子会开始不断挑战底线，但仍然可以弥补。

对于已经建立起正面权威（以及因此建立起的信任和联结关系）的父母，就会轻松很多，但即使是有合作意识的孩子，父母仍然需要间或提醒他们是谁在起主导作用。

主导职责意味着，说出你的意图，明晰你话里的含义，永远不要对孩子说无法收回的话。

第 1 条建议——正确管教

这是学生们写得最多的一条建议，出现次数远远超过其他建议。据说，父母管教孩子的方式，为整个亲子关系奠定了基调，决定了孩子心理成长过程的各个关键方面。不管是有意识或无意识，孩子们显然都知晓这一点。从这条建议和衍生话题中，你能看到孩子对父母一天中任何时刻的各种抱怨和建议，不论是父母做的好时候还是坏的时候。

如前所述，依据所提及的次数，正确管教划分了若干子话题。出现频次最高的列在第 1 位，依此类推。我尽可能在子话题中解读学生的语言，并在本书每个子话题中为父母提出了建议和养育技巧。在本前言之后的《孩子对父母建议的完整清单》中，你可以浏览到学生所提出来的完整建议清单。

衍生话题

1. 公平，能妥协让步。保持灵活性，讲道理，宽容，善解人意。做一个体贴平和的裁判、建议者和教师。

2. 不要反应过激，做出不理性的、无效的行为，比如大喊大叫，打人，或采取与所犯错误不相称的、随意的惩罚措施。

3. 不要侮辱我；不要滥用自己作为成人的权力，或对我实施身体上或语言上的虐待。

4. 不要操纵、强迫（以武力、惩罚、威胁等手段控制）、把我往坏里想，或者玩一些低劣的心理游戏试图控制我。

5. 执行规定，遵守规矩，让我为自己的行为负责，有责任感。

如有必要，对我采取严厉的爱。

6. 不要禁止我的权利，也不要限制我外出社交（因为这样没什么用）。

7. 立规矩，设立限制条件和行为边界，但要合理。

8. 尊重我，别允许我对你不敬。表现出你对我的信任。永远不要放弃我。表扬和奖励我的良好行为。

9. 让我处理自己的事情，哪怕是我自己的错误。对于青少年需要亲手去做或者做错的事，不要纠缠、唠叨、训斥和打扰。

如果孩子不服从你，你该做些什么？如果孩子做了让你生气的事情，你该如何应对？你该采取什么样的肢体语言？什么样的声音语调？脸上应该是什么表情？你该如何设置限制条件和行为边界，如果受到孩子的逼迫，你该怎么做？让我们来探讨一下养育方式。

普通人的养育方式

我的学生思考养育方式是受到了朱迪斯·盖斯特的小说《普通人》的启发，该书提到了几种值得关注的养育方式：焦虑的“直升机型”父母、“冰山型”冷酷母亲、愤世嫉俗的无处不在式父亲、出尔反尔的家长、缺位的父母、坦然而不担心自己不完美的母亲，以及积极正面的父母替身——一位对缺乏安全感孩子生活产生巨大影响的健康的成年人。你也许还记得 1980 年放映的这部电影，导演是罗伯特·雷福德（Robert Redford），主演是唐纳德·萨瑟兰（Donald Sutherland）、玛丽·泰勒·摩尔（Mary Tyler Moore）、贾德·赫希（Judd Hirsch）和蒂莫西·赫顿（Timothy Hutton）。

故事情节围绕 17 岁的康拉德（Conrad）自杀未遂后展开。比他更优秀的兄长布克（Buck）此前在一次划船中意外溺水身亡，康拉德陷入幸存者的愧疚中，母亲对他冷淡，父母悲痛，他本人也悲痛，以及自杀未遂后内心感到痛苦。这听上去是一个让人难过的故事，但是《普通人》揭示了更多积极向上的励志元素。康拉德在父亲和精神病医生伯杰（Berger）的帮助下，获得了治疗心理创伤的机会，忍受和反抗着母亲对他的冷酷。

该书作者始终在对康拉德的父亲卡尔（Karl）和母亲贝丝（Beth）二人对孩子的养育方式进行对比。贝丝追求完美、严格死板和评判式的期待方式摧毁了康拉德本已摇摇欲坠的自我认同感，卡尔的过分关注（典型的“直升机型”父母）则让他感到窒息。一旦卡尔放松下来，试着相信自己儿子有能力解决问题，一旦卡尔发觉自身存在的放弃问题和不足之处，他就能将康拉德从紧张情绪中释放出来，给予他想要的自由。结果，康拉德获得了成长。

然而，这本书中所呈现的最好的养育范例人物并不是康拉德的父母亲，而是伯杰医生，电影中由贾德·赫希扮演，他能把握住康拉德，让他对自己的行为和感受负责，康拉德的亲生父亲则开始自身的修复疗程，唤回他本人作为家长的权威。伯杰医生始终坚持真理，甚至可以说是他在管教教育康拉德。他既严厉，又充满爱心。他是真正帮助康拉德度过危机的健康的成年人。

康拉德的母亲贝丝是一个冷酷而超脱的人。一旦有反应，她总是反应过度。她习惯于控制人，指责人，对人吼叫和辱骂；她能瞬间从冰雪女王转变成戏剧女王。按照我学生的建议，她属于负面管教人员。

另一方面，卡尔尽管关心孩子，但在作为管教者的角色上，他不够成功，直到最后才有所好转。在小说的最后几页，卡尔才第一次真正对儿子生气。康拉德说了一句轻浮无礼的话，卡尔严厉训斥了他，让他谨记自己的身份。康拉德感到震惊，这是父亲在提醒他家里的主导者是谁，他立刻向父亲道歉，并要求获得更多管教。他说："纠正我做错的行为，告诉我应该怎么做。"①

这是小说的最后一句话。父亲重新获得了权威，儿子从一位更成熟、更有责任感的父亲那里感受到了行为边界和新的成长方向。

自信果断型父母、无为型父母和敌对型父母

按照伯特·西蒙斯的理论，有三种不同类型的父母：自信果断型父母、无为型父母和敌对型父母。他在对全美国各个学区的教师、校长和家长做培训时提出，对孩子要积极、自信果断。在本书后续章节中，我们会解释他所教授的这项技能。首先，有必要了解一下自信果断型父母和无为型父母之间的区别。

① 朱迪斯·盖斯特，《普通人》（纽约：企鹅书屋，1976 年），第 257 页。

无为和敌对

根据伯特的说法，人们交往存在许多困难的原因在于：“绝大多数人的行为都是无为而充满敌意的。他们不够自信果断，也不够积极主动，当事情变糟时，他们就开始恼火。”

- 大多数人习惯性地无所作为，这常常会使敌意累积到顶峰，比如触发家庭暴力。
- 这种肢体暴力和精神暴力往往是无为行为（什么也不做）延伸的结果，让负面消极的局面不断延续，最终演变成怒火和敌意。
- 不懂得如何控制愤怒的人就会变得充满敌意。

自信果断和积极主动

伯特指出，只有“5% 的人水平较高，能自信果断，积极主动”，“他们有希望成为领导者和真正的好家长”。如果父母有这个意识，采取积极行动，这个比例就有可能提高。

- 自信果断、积极主动的人凡事都想在前面。

●他们以自信果断的姿态处理好自己的事务，意味着他们能在不以他人为代价的前提下满足自身的需求。

●他们坚定、公平，且坚持不懈。

●作为父母，自信果断的人能以不同于大多数人的方式，采取恰当的方法来满足自身需求。

正如伯特所说：

大多数人都犹豫不决，夸夸其谈。他们没有主心骨，也不专注于自身角色。但是，如果你果断自信，就会变得坚定，你的孩子就会知道人生道路上的规则。如果你无所作为，就会消极被动，软弱空虚，听不到任何坏事，最终，你对孩子的养育也会非常脆弱。这种父母总是希望能成为孩子的朋友。他们不想管教孩子，只想爱孩子。这种父母最终会生活在痛苦中。

果断自信的人是积极正面的，他们脸上总是浮现着笑容。他们不会提高声调，也不会出言侮辱。他们直言不讳，言出必行。按照伯特的说法，他们的人生信条建立在互相尊重的基础上：

家长信条

作为父母，我不允许孩子做任何不符合他/她最大利益——或者我最大利益——的事情。

果断自信的父母有自己一套指导原则，知道哪些可接受，哪些不可接受。日常生活中，他们遵循这样的信条。果断自信的父母完全意识到，孩子每时每刻都需要自信的权威；这就是他生活的全部。

管教是一种体现勇气和爱的行为

不论对孩子还是家长自身，管教都是一种爱的行为。《普通人》中的父亲卡尔从小生活在孤儿院，身边的学习榜样很少，他认为自己不应该生气或不应该做主导者。在小说结尾处，当他最终站出来面对使小性子且苛求的儿子时，我们看到他最终成长进入了父亲角色，我们也看到了康拉德的反应。康拉德真正受到了触动，他为自己的不礼貌行为道歉，然后鼓励父亲继续管教自己。

卡尔不再是胆小鬼。作家罗兰（Roland）和雪莉·C·黄（Sherry

C· Wong）在《怯弱的父母，胆小的学校》一书中写道："简而言之，今天的家长都很胆小。"[①]他们害怕做坏人，害怕做有权威的人，"更倾向于做好兄弟或好朋友的角色，这比做父母要简单得多，也舒服得多"[②]。但是，我们的孩子希望我们做权威者。他们需要我们有时能做"重要人物"，为自己站出来，制定规矩，并要求孩子执行规矩。管教孩子证明我们在关心他们。这是我们所选择的能让一切有所不同的权威方式。

---

① 罗兰和雪莉·C·黄，《怯弱的父母，胆小的学校》（巴尔的摩：美国出版社，2005年），第17页。

② 同上，第16页。

孩子对父母建议的完整清单

说明：建议后面所列的“M”，表示该条建议是由男生所写。建议后面写的是“F”，表示该条建议是女生提出来的。带星号(★)的建议表示是由团队提出来的，不区分提出人的性别。

孩子最不想要的是：无休止的挑剔、大喊大叫、惩罚、辱骂（无为型和敌对型养育方式）

1. 不是我的问题，就不要把我卷入事件中去。（F）
2. 应该靠自己能力做的事情，不要告诉我怎么去做，也不要在事情出错时暴跳如雷。（F）
3. 早上六点把我叫起来时，不要叫得听起来那么高兴。（M）
4. 家长在惩罚孩子方面不要过于苛刻。（M）
5. 家长绝不应该辱骂自己的孩子。（M）
6. 不要以任何方式来辱骂或虐待自己的孩子。（F）

7. 不应该用侮辱的方式来惩罚孩子。（F）

8. 不应该将学校功课强加在孩子身上。（F）

9. 不要大喊大叫。（M）

10. 不要无休止地挑剔。（M）

11. 不要禁止我参加社交活动。（M）

12. 表示拒绝时应有正当理由（而不是“因为我是你父母”这种理由）。（M）

13. 不应该为一些很小的事情就惩罚我。（M）

14. 不要随意实施惩罚。（M）

15. 实事求是（不要小题大做）。（M）

16. 不应该对青年人实施语言或肢体上的虐待。（M）

17. 不要在非必要的时候责骂我。（F）

18. 别杀生。（F）

19. 你不应该取消我使用手机的权利。（M）

20. 别强制我做卫生。（M）

21. 别取消我在学校的权利。（M）

22. 你不应该取消我的体育活动。（M）

23. 不要纠缠于我没有按时完成作业或与作业相关的事

情。（M）

24. 不要大喊大叫。（F）

25. 不要打孩子。（M）

26. 不要在心理上或精神上虐待孩子。（F）

27. 注意自己的口气。伤人的话会在内心驻留很长时间，即使你已经忘了它。

28. 你不应该和孩子打架。（M）

29. 你不应该试图让我去反抗另一个家长。（M）

30. 不要激怒孩子。（M）

31. 不要辱骂我们。（M）

32. 不要骚扰我们。（M）

33. 你心情不好，不要拿我出气。（F）

34. 你不应该实施不合理的惩罚。（M）

35. 在问清楚自己孩子对事情的看法之前，不要指责他们。（F）

36. 不要制定那些孩子们无法理解的规矩。（F）

37. 不要辱骂你的孩子。（M）

38. 不要侮辱你的权力地位。（M）

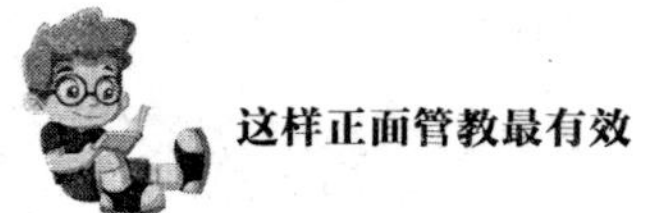

39. 你不应该辱骂自己的孩子。(M)

40. 你不应该侮辱你的家长权力。(M)

41. 不要殴打孩子。(F)

42. 不要实施侮辱性的惩罚。(F)

43. 不要过度朝孩子喊叫。(F)

44. *反应过度对解决事情没有帮助。

45. *你不应该无休止地挑剔。

46. *你不应该对我喊叫。

47. *你不应该惩罚我那么长时间。

48. *你不应该批评我。

49. *你不应该阻止我们出去参加社交活动。

50. *拖延不是罪过。

51. *你不能问证明我有错的问题。

52. *你不应该太严格。

53. *你不应该打我。

54. *你不应该冲我大喊大叫。

55. *你不应该控制不了自己的脾气。

56. *如果不让我们反驳,你也不应该朝我们喊叫。

57. * 你不应该限制我们外出活动。

58. * 你不应该在我的隐私空间提高嗓门。

59. * 你不应该侮辱我。

60. * 生气时你不应该对别人提高声调。

61. * 你不应该这么固执。

62. * 你不应该限制我外出社交。

63. * 你不应该扣我的零花钱。

64. * 你不应该威胁我。

65. * 你不应该为一些日常小事不断烦我。

66. * 不要反应过度。

67. * 不要强迫孩子做他们不愿意做的事情。

68. * 你不应该和孩子争论。

69. * 你不应该把孩子赶到房间里。

70. * 你不应该体罚孩子。

71. * 你不应该限制我们外出社交。

72. * 你不应该侮辱自己的权力。

73. * 你不应该对我采取双重标准。

74. * 孩子得到门票，你不应该生气，而应该买下这张门票。

75. * 永远也不要大声对你的晚辈说话。

76. * 你不应该折磨你的晚辈。

77. * 你不应该侮辱孩子。

78. * 不要大喊大叫。

79. * 你不应该辱骂你的孩子。

80. * 你不应该激怒你的孩子，让他们恼羞成怒。

81. * 你不应该惩罚你的孩子。

82. * 你不应该打我，否则我会杀了你。

83. * 你不应该对我提高嗓门。

84. * 你不要在生气的时候对我出言不逊。

85. * 你不应该在言语或肢体上侮辱你的青少年孩子。

86. * 别制定愚蠢的规矩。

87. * 你不应该用侮辱的态度实施处罚。

88. * 你不应该限制我们外出。

89. * 你不应该毫不怜惜地打自己的孩子。

90. * 你不应该攻击别人，除非你受到了攻击。

91. * 你不应该诅咒自己的孩子。

92. * 不要实施不公平的惩罚。

93. * 生气时你不应该提高声调。

94. * 你不应该限制孩子外出社交。

95. * 你不应该杀害或伤害他人。

96. * 你不应该侮辱他人。

97. * 你不应该贬低自己的孩子。

98. * 你不应该冲着孩子大喊大叫。

99. * 你不应该大喊大叫。

100. * 不要对孩子大喊大叫。

101. * 你不应该无休止地挑剔别人。

102. * 你不应该错误地辱骂别人。

103. * 设立规矩要有合理的理由。

104. * 你生气时，不应该当着我的面尖叫和大声喊叫。

105. * 你不应该无休止地挑剔别人。

106. * 你不能没有理由地惩罚别人。

107. * 只要我是好孩子，定期和你招呼，你就不能限制我外出社交或者不许我晚上外出。

108. * 实施惩罚时，你不应该失去理智。

109. * 你不应该打自己的孩子。

110. *你不应该侮辱他人，无论是肢体上或是情感上。

111. *你不应该采取任何形式的侮辱。

112. *你不应该冲着孩子叫喊。

113. *你不应该实施惩罚。

114. *你不应该抱怨。

115. 你不要采取任何不必要的语调说话。（M）

116. 你永远也不要体罚孩子。（M）

117. 你不应该在生气时提高声调。（F）

118. 你不应该在生气时扬起手。（F）

119. 你不应该侮辱人。（F）

120. 你不应该伤害我。（M）

121. 你不应该过度管教自己的孩子。（M）

122. 不要把你对别人的怒火发泄到我身上。（M）

123. 不要朝我喊叫，就好像我还没长大，不能理解一样。（M）

124. 你不应该过度惩罚一个孩子。（M）

125. 你们不应该过度惩罚我。（F）

126. 你不应该对我们犯的错过于暴跳如雷——有时候会出

现这种情况。(F)

127. 你绝不能打自己的孩子。(M)

128. 放手吧！(F)

129. 不要体罚或辱骂。(M)

130. 放手吧。(M)

131. 你不应该侮辱自己的立场。(M)

132. 你绝不应该打孩子。(F)

133. 你永远不要断绝与孩子的关系。(F)

134. 你不应该对微不足道的事情这么挑剔。(M)

135. 不要怨恨他们，不和他们说话。(F)

136. 不要大声喊叫；这样帮不了任何人。(F)

137. 生气时不要有肢体接触或以任何方式伤害你的孩子。(F)

138. 你应该尽可能地不让孩子的生活陷入难过的境地。(F)

139. 你不应该实施言语上或肢体上的侮辱。(F)

140. 你不能以任何方式体罚或侮辱你的孩子。(F)

141. 你不要非理性地评判或惩罚你的孩子。(F)

142. 你不应该体罚你的孩子。(F)

143. 你不应该限制我外出社交。（F）

144. 应认识到限制孩子外出社交并没有帮助。（M）

145. 你不应该辱骂自己的孩子。（M）

146. 你不应该过于苛刻。（F）

147. 你不应该辱骂孩子。（F）

148. 你不要大喊大叫，因为这样解决不了任何问题。（F）

149. 一次座谈，家长的训斥时间不能超过10分钟。（M）

150. 你不应该侮辱人。（M）

151. 你永远不要假设某事是错的。（F）

152. 你不应该这么粗鲁。（M）

153. 你不应该抓狂。（M）

154. 永远不要对我提高声调。（F）

155. *放手吧！

156. *绝不要动手。

157. *你应该知道，大喊大叫无法传递你想表达的意思。

158. *你不应该打孩子。

159. *你不应该辱骂自己的孩子。

160. *你不应该生气时提高语调。

161. *不要对孩子实施肢体上或言语上的侮辱。

162. *你不应该充满恶意。

163. *你不要摆架子。

164. *你不应该体罚或攻击别人。

165. *不要这么刻薄。

166. *你对某人生气，不要发泄到我身上。

167. *你不要大惊失色。

168. *你不要发牢骚。

169. *你不应该大喊大叫。

170. *你不应该侮辱孩子。

171. *你应该控制自己的脾气。

172. *惩罚孩子不应该过度。

孩子想要的是：
管教、耐心、热情、理解
（果断自信的、积极主动的养育方式）

1. 让孩子遵守规矩。（M）

2. 你应该公平。（F）

3. 你应该学会妥协。（F）

4. 你应该让我变得有责任感。（F）

5. 你应该对那些值得获得公正待遇的人，给予他们公正的待遇。（M）

6. 选择你想要的战斗。（M）

7. 让规矩变得有灵活性。（F）

8. 让我对自己的行为负责。（M）

9. 每条规矩都应有真实的原因。（M）

10. 不要太严厉。（F）

11. 你可以朝我喊，让我言行一致。（M）

12. 采用严厉的爱。（M）

13. 不要容忍不礼貌的争论。（M）

14. 学校放在第一位，朋友和家庭放在第二位，其他事情

应放在后面。（M）

15. 设置规矩和行为边界。（F）

16. 任何可能的时候都应该公平。（F）

17. 把事情说出来，比禁止我外出社交更管用。（F）

18. *设置合理期望。

19. *你阻止我外出社交不应该连续超过两天。

20. *你不应该太严厉。

21. *你应该让我为自己的行为负责。

22. *你应该总是有真实的理由。

23. *你应该确保我们不会越界。

24. *孩子做了好事，应该给孩子相应的奖励。

25. *规矩也应有灵活性。

26. *别逼迫孩子太狠。

27. *讲道理。

28. *有耐心，不要大喊大叫。

29. *保持灵活性。

30. *讲道理。

31. 宽容。

32. *原谅孩子的错，并忘记它。

33. *用原谅代替惩罚。

34. *原谅他/她的过错。

35. *你的决定背后都应该有良好的理由。

36. *给孩子解释的机会，让他们说说发生了什么事。

37. *你应该宽容。

38. *你应该把管教视为教育，而不是惩罚。

39. *你应该讲道理（尤其是妈妈们）。

40. *你应该给我们解释的机会。

41. 永远不要放弃自己的孩子。（M）

42. 能理解别人。（F）

43. 努力记住，十几岁的孩子是什么样子。（F）

44. 行动之前应先思考。（M）

45. *你应该站在我的角度来思考问题。

46. *你应该善解人意。

47. *你应该有耐心，善解人意。

48. *能理解我们的错误。

49. *有耐心，善良，善解人意。

50. *理解我的需求和渴望。

51. *时刻记着保持年轻的心态。

52. 必要的时候，你应该让我保持一致。(M)

53. 你应该宽容。(M)

54. 你应该斥责。(M)

55. 你应该强令孩子去上学。(M)

56. 你应该为我设定限制条件和行为边界。(F)

57. 必要的时候，让我知道行为后果。(F)

58. 你应该公平地实施惩罚。(F)

59. 你不能直接跳到结论。(M)

60. 你应该为错误的行为设置公平的处罚后果。(M)

61. 你应该让孩子在学校里。(M)

62. 你应该小小地、有依据地惩戒我。(F)

63. 提供建议，不要批评。(M)

64. 管教孩子，应表现出责任心。(M)

65. 我提出疑问，请给予我一点好处；毕竟，我还是个孩子。(M)

66. 原谅我的错误，因为我已经从错误中得到了教训，尽

管你并不这么认为。（M）

67. 克制冗长的、让人疲惫不堪的训斥。相反，等事情过去后一段时间，以积极的态度来讨论问题。结果就是：没有大喊大叫，我也受到了教训。（M）

68. 公平地对待自己的孩子。（M）

69. 让规矩保持公正，有持续性。（M）

70. 我们有失误或不负责任的行为，你应该让我们看到行为的后果，有所惩戒。（F）

71. 你应该宽容。（F）

72. 设置合理的行为边界和限制条件。（M）

73. 不要急于做评判。（M）

74. 思维开放。（M）

75. 有耐心。（M）

76. 设置合理的限制，这些限制可随着年龄的变化而有所变化。（F）

77. 对孩子实施合理的管教。（F）

78. 必要的时候实施惩罚。（M）

79. 有合理的管教。（F）

80. 保持放松状态。(M)

81. 大喊大叫之前评估一下局势。(M)

82. 你应该赞成存在不同意见。(F)

83. 你应该设置规矩。(M)

84. 你应该设置限制条件。(F)

85. 你应该做一个好的管教者，做一名善解人意的朋友。(F)

86. 你应该管教。(M)

87. 你应该讲道理。(F)

88. 只采取言语上的斥责，但不要太过分。(F)

89. 你应该讲道理。(F)

90. 你应该只采取口头上的管教方式。(F)

91. 给予合理的管教。(F)

92. 要管教，但不要用肢体方式。(M)

93. 讨论问题，不要喊叫。(M)

94. 设置行为边界，但不要一成不变……你应该跟着孩子一起学习和成长。(F)

95. 要坚定，但不要苛刻。(M)

96. 为家里的孩子设立同样的规矩。(F)

97. 设置行为边界。(F)

98. 你应该设置行为标准。(F)

99. 你应该原谅和忘记孩子的错误。(F)

100. 努力理解他们。(M)

101. 你应该管教我。(F)

102. 对于你的答案,你应该告诉我原因。(F)

103. 你应该理解,人是会犯错的。(F)

104. 要记住,你也曾经是孩子,所以保持开放的心态吧。(M)

105. 你应该原谅自己的孩子。(M)

106. 设置限制条件。(M)

107. 你应该设置行为边界。(M)

108. 你应该告诉我规则。(F)

109. *设置限制条件。

110. *你应该为孩子设置行为边界。

111. *你应该管教和教育。

112. *给予合理的管教。

113. *表扬孩子。

114. *只有在有需要的时候才设置规矩。

115. *口头惩罚就够了。

116. *你应该讲道理。

117. *你应该教育我管好自己。

118. *你应该设定规矩。

119. *你应该管教孩子。

120. *你应该让我们遵从合理的限制条件。

121. *你应该避免管教过多。

122. *必要的时候，实施惩罚。

123. *宽容。

124. *让他们犯错，但是不要让他们重复犯错。

125. *你应该学会原谅。

126. *你应该善解人意。

127. *你应该宽容。

128. *你应该期待我有责任感。

1
你无须完美

孩子们的原话：

公平，能做出让步。灵活，讲道理，宽容，善解人意。做一个体贴、平和的裁判、顾问和教师。

解读如下。

1　你无需完美

毫无疑问，以上建议是在呼唤理想的家长，希望我们至少绝大多数时间能做到这样。孩子知道他们需要的是什么，这是我们作为父母要努力达到的平静程度和灵活程度，并且表现良好时能感到自豪。但是，你我都知道我们犯过错。

最近，一个朋友和我说，她花了两年时间进行心理治疗，发现自己作为家长的一个主要问题是总在追求完美，试图纠正自己原生家庭中曾出现的所有错误。她说，她把自己、丈夫和孩子都逼疯了。她曾设想，如果自己是一个完美的母亲，那就会拥有完美的孩子和完美的生活。但后来她意识到并非如此。某天，她决定允许自己当一个不完美的母亲，由此过了一个最轻松快乐的母亲节。

我们都相信这样一个魔法定理：只要遵从专家的建议，做正确的事，我们生活中的问题就会迎刃而解。我们无时无刻不在相信这样的神奇理念，无论是减肥，还是处理人际关系等。我们如此渴望这种神奇的方式，但是生活和人性却远比这要复杂得多。你可以从本书中获取一些好的建议和足以改变你生活的技能，但最重要的因素还是你和自身的内在统一。我们必须相信自己为人父母的能力，而且我们必须自己寻求改变。

探寻，思索，坚持不懈

当我的朋友意识到自己的想法（追求完美）和孩子的实际需求（支持、权威和行为榜样）发生冲突时，她开始满足孩子的需求。结果，她和孩子都越来越有满足感。她和孩子需要的是同一样东西——需要她承担自己的职责——但是她之前并没有意识到。这就需要家长去探索。我的朋友开始了探寻之旅。接下来还需要做的就是对探寻过程的思考，要想使这个过程发挥作用，她就必须思考和评估哪些方法没有达到效果，并找出解决方案。

探寻和思考都需要花费时间，许多父母日程忙乱，他们不愿意把时间花在这个上面。然而，只有那些能承受自己的不完美、能自我原谅、愿意反思自己作为家长的言行、犯了错依然能改过再来的家长，才可能最终取得成功。

情感稳定，富有权威

我们不可能十全十美，我们也无需十全十美，但是我们应该成为情感稳定的父母，这样孩子才能指望我们明智理性，至少大部分时间应做到这一点。在这个纷繁混乱的世界，找时间来评估我们的养育策略可能比较难，但是，正如罗兰和雪莉·C·黄所指出的，“孩子需要情感稳定和让人有安全感的父母”，并且父母愿意定期地思考教育这些重要问题。[①]例如，如果我们觉得有压力，自己又还没有有意识地形成对孩子的教育计划，就会很容易去沿袭从自己父母那里学来的养育做法，无论这些

① 罗兰和雪莉·C·黄，《怯弱的父母，胆小的学校》（巴尔的摩：美国出版社，2005年），第57页。

做法是好是坏。我们都要避免成为一个负面管教者，避免错误的思路，“我简直不敢相信自己刚才说的话和做的事”！这种时刻是我们都希望尽量避免的。

E·蒂姆斯·伯恩斯将权威型定义为一种管教类型，意味着“温和、支持孩子、有明确的规矩和期望”，与此相对的是专制型，要求绝对服从，缺乏体谅或关爱。①《美国传统英语字典》（American Heritage Dictionary）也将权威型父母定义为积极模式，“具有或表现出具备专业知识”②,这种尤其表现为自信的父母。正如我之前所提到的，父母不能单纯地依赖于专家；父母要建立起自己的权威，信任其最佳直觉。但我还是引用了专家言论，并且认为所有父母都需要学习教育技巧。事实上，博学多才、有权威且善于思考的父母本身就是专家。他会花时间思考专家的观点，筛选专家的建议，从自身经验出发考虑能起作用的信息。专家型父母认同权威角色，因为他们尊重自我，且充满自信，即使偶尔会犯错，但仍然足以指导自己孩子的方向。

---

① E·蒂莫西·伯恩斯，《从风险到应变能力》（达拉斯：马可波罗出版社，1994年），第104页。

② “权威的”，《美国传统英语字典》，第三版（纽约：霍顿·米夫林出版公司，1994年），第56页。

父母通常缺乏自尊

今天许多父母的问题在于，他们缺乏基本的自尊。他们允许孩子对自己出言不逊，行为不端，从而这些孩子对社会大众也不讲礼貌。这是我们最主要的问题。简·吐温基（Jean Twenge）写过一本通俗易懂的书《我一代》，书中认为，父辈之所以缺乏胆量，部分原因在于当今的社会思潮认为成功的人就应该直言不讳，利用一切机会；还认为所谓的“自信”会因为父母的控制和管教而受到伤害。“我一代”包括“现在35岁以下的年轻人”。[①]按照简·吐温基的观点，与其说他们是“自私”的一代人，不如说是“自负”的一代人。[②]前几代人接受的是忠诚教育，这一代人则在不断质疑权威，将自我置于职责之上。我们都知道这种趋势从何而来——生活在越战期间的婴儿潮父母，水门事件带来的幻想破灭，肯特王国，以及二十世纪六十年代的其他令人痛心的事件。这些都很好理解。

但是，智慧地、经过缜密思考后地质疑权威，与允许孩子粗暴地凌驾于父母和其他任何人之上，这二者还是有区别的。

---

① 简·吐温基，《我一代》（纽约：远流出版社，2006年），第1页。

② 同上，第4页。

简·吐温基指出，现在媒体描述这些不受控制的孩子，用的都是积极正面的语言，像“意志坚定”，有所谓“将愤怒转化为行动的火花”，按照某个杂志的说法，这都将给他们一种感觉，即在充满竞争的成人世界中，“他们需要超常发挥”。[①]人们愿意为孩子的行为做出合理解释，且以牺牲自己的骄傲为代价，表面上看，只有这样他们的孩子才能在这个狗咬狗的世界上生存下来。在我看来，这就像一个借口——无需负责任的借口，无需变得“刻薄”引起孩子愤恨他们的借口。不幸的是，这却成了家长自怨自艾的理由。

缺乏自尊的成年人能够接受不被尊重的对待。“我一代”的父母会因为自己现在是权威就真的痛恨自我吗？如果这是事实，我们就需要改变。我并不关心你到底是哪一代：你唯一需要的是获得自己认为值得获得的尊重。

最近我发现，高中一些年纪偏小的孩子（“我一代”孩子），他们的父母也是“我一代”，也就是说，“我一代”孩子在抚养“我一代”孩子。社会充斥着大量自以为很重要和将伪装说成真正自信的人，充斥着大量消极和追求政治正确的父母。这

---

① 简·吐温基，《我一代》（纽约：远流出版社，2006年），第76页。

并不是说，这些年轻的家长担负不起养育职责。有些“我一代”家长正在做巨大的努力，试图颠覆他们这一代“以自我为中心”的名声，有些父母已经表明他们是善于思考和反省的家长，这让我看到了希望。

养育过程应该充满欢乐

最近，从杂货店回家的路上，我注意到一个汽车牌照框架上写着，“幸福就是当三个孩子的家长”，一个男人独自在开车。我忍不住想，是谁买的这个架子呢？我敢肯定不是他自己买的，后来我意识到自己愤世嫉俗的部分在蠢蠢欲动了。

是孩子给他买的吗？他们为什么要这么做？是为了让他在父亲节那天展颜一笑？还是为了提醒父亲他们的存在？

是妻子给他买的吗？还是妻子认为丈夫陪伴孩子的时间不够多，给他一个微妙的暗示？又或者妻子认为丈夫当父亲并不“快乐”，需要提醒他应该感到快乐？

也许他们最近经历了一场亲子关系的危机，正感到如释重负，心存感激。

又或者，他们可能，仅仅是可能，真的有三个很棒的孩子，让他们真切地感到幸福。

毕竟，这才是家庭生活本应有的模样。作为一名儿童心理学家，罗伯特·肖也许比我们绝大多数人见过更多孩子让人沮丧的不良行为，他提醒我们，“大多数情况下抚养孩子应是一个令人愉悦的过程”。[①]但是，这种愉悦和爱应建立在某种基础之上。父母与孩子之间的情感纽带应该从一开始就很牢固，而这种亲子关系可以用多种方式来发展。

信任的基础

第1条建议提出，我们应该公平公正，愿意做出妥协。希望家长公平和愿意妥协，这种期望暗示了父母与孩子之间的信任历史：大多数情况下，父母的行为是值得信任的。作为头脑冷静且有判断力的家长，兑现过自己的承诺，已经赢得了孩子的信任。然而，这种类型的父母，只有在符合每个人最佳利益的情况下，他们才可能妥协。记住这样一条家长信条：作为父母，我不允许让孩子去做任何不符合他／她最大利益——或者我最

---

① 罗伯特·肖，《流行病：美国文化的腐朽，教养缺位与放任养育，以及随之产生的大批苦闷自私的儿童》（纽约：里根书局，2003年），第131页。

大利益——的事情。

正如伯特所说："在管教问题上，你做什么不重要，重要的是要言出必行。"一个真诚的、始终如一坚持有条不紊采取行动的家长所表现出来的是对自己和孩子的高度尊重。

什么是公平？

公平这个词可以有很多种解释。一个人眼里的公平在另一个人看来也许是压迫。例如，也许你会认为，允许刚拿到驾照的、十六岁的儿子只能在以家为半径的20英里范围内开车，是公平的事情。但是，当他最喜欢的乐队在距离60英里远的地方演奏，并且他所有的朋友都希望他能开车送他们去音乐会，他可能就会认为你的规定是不公平的了。在这种情况下，你的决定就取决于你对多件事情的判断，包括你孩子的成熟程度，驾驶技巧，他朋友的行为等。你的决定也许会让他很不高兴。这没关系。

在孩子眼里，你不可能总是公平的，但是你可以做到看起来公平，听起来也公平。这就是一种技巧。按照伯特的说法，有如下几种方式：

● 家庭规矩必须公之于众，便于家庭成员人人遵守。谁是家里的负责人？（是你。）家庭规矩有哪些？

● 记住这条家长信条：作为父母，我不允许孩子做任何不符合他／她最大利益——或者我最大利益——的事情。允许你年轻的、驾驶经验不足的孩子开车60英里去听音乐会，路况不熟，车里还有一群十几岁的孩子吵吵闹闹，这怎么听起来都像是一个不太安全的选择：你认为这对他不利。同样，你也知道，如果你允许他去了，你就会担心，同样也不符合你的利益。

● 看起来公平：面对孩子，保持眼神接触，但不要微笑。如果你决定让他去，点头同意。说出你的担心。如果可以有折衷选项（例如你开车去），就与孩子商量讨论。不要争吵。

● 听起来公平：使用“选择”这个词。告诉孩子：“你有选择权。如果继续和我争吵，你就再也不要开车。我担心你的安全，所以坚持我的决定。”终止谈话。

按照伯特的说法，这时候，父母必须知道讨论结束了。如果双方长期保持着相互信任的亲子关系，那么孩子就会遵从家长的决定，不会大吵大闹。短时间内他也许会抱怨（自言自语），但这只是为了挽回面子，无论高兴与否，他最终会遵从关心爱护他的父母的决定。如果孩子流露出反对意见，父母必须坚持已有的决定："如果你继续和我争吵，你就再也不要开车了。"将孩子开车的权力暂时搁置，直到父母改变决定。

不坚持，不诚信，就没有信任

不幸的是，许多孩子对自己父母做到公平或做出妥协的能力不抱有很高的期望，他们也不尊重父母。作为一名英语老师，我经常看到有学生写类似的例子。我的一名学生——姑且称呼她为艾沙丽（Ashley）——描写了某个周末她与离异父亲相处的事情。起初计划是艾沙丽的父亲带她去西雅图市中心的钥匙球馆（Key Arena）看超音速队比赛。艾沙丽非常兴奋，因为她可以和父亲一起待一段时间，她也能感受夜晚的城市、灯光、熙熙攘攘的人群和让人激动的球赛。

在运动场附近，她父亲找到一个泊车位，告诉艾沙丽他一会儿就回来。于是她耐心地等待着，但几分钟变成了几小时。她很清楚地知道父亲在做什么，因为类似的事情以前也出现过。她焦虑地看着手机上的时间，他们正在错过这场比赛。

艾沙丽不知道是否应该给家里打电话还是继续等待，她开始感到害怕，一个年轻姑娘夜晚独自在西雅图街头的车里。最后，她对自己说，她父亲就没打算从酒吧里出来看看她是否安好。对父亲来说，女儿的感受显然并不重要，于是她给自己认为可信赖的朋友——她的妈妈打电话，让妈妈来接她。在这篇文章里，艾沙丽非常小心地没有说任何过火的话或者对父亲的气话。显然，她爱自己的父亲；她只是有点悲伤，希望父亲能有所改变。这篇文章的主题是“可信赖”的价值，艾沙丽举了她父亲的事情作为不可信赖的例证。

如果有过先例，孩子就会期待公平。我们用行动向孩子传递了明确的信号。我们告诉他们，我们有多么在乎他们的感受、他们的时间、以及我们的亲子关系。艾沙丽的父亲也许爱这个女儿，但是在酒吧喝酒的重要性远远超出了他对女儿本人是否快乐和是否安全的考虑。艾沙丽内化了这个信息，这成为了她看待自己和父女关系的部分依据。在这场冲突中，艾沙丽并没有期望父亲因为考虑到她的个人安危而变得“公平”或“采取妥协”，因为父亲从一开始就没有对孩子建立起一以贯之的、让人信赖的关爱。

好好看着你的孩子

第 1 条建议不断要求我们在管教问题上能灵活点，讲道理点，能宽容和理解他人。

“公平”和“妥协”的形容词隐含着信任和尊重的必要基础之意，“宽容”和“理解”则是较为温和的词汇，充满了同理共情和伙伴般的感情。“灵活”和“讲理”则意味着愿意变通，从另一个角度说，“宽容”和“理解”暗示着这样一种能力，不仅仅能从其他角度来看待问题，而且能看懂其他人，与他人产生共鸣。

当然，有些时候父母压根就不应该变通，某些管教方式的结果也不需要公平。然而，当我们同意与孩子就某个重要的管教事项或某些行为进行讨论时，这就传递了不仅是尊重，而且也表示接受和认同的信号。作为父母，我们要说：“我看着你，我听你说话，我认同你的感受和观点，我接受你的意见。”这并不必然意味着我们会动摇，但是对孩子来说，有一个愿意关注他和理解他的父母，不管最终是否接受他的意见，这种意义都非比寻常。

如果孩子只有一个家长有同理心——能辨识和理解他人的

处境、感受和动机——如果只有一名家长体察孩子的内心感受，这也足够了。另一方面，还有一些孩子，他们的父母都没有同理心，或者他们生活在单亲家庭，而这个家庭的家长也缺乏同理心。对于这种情况，我们别无他法，只能期待这些孩子生活中最终能出现一个健康的成年人。

有一个和我一起长大的女孩——我们都叫她玛丽莎（Melissa）——她妈妈是一名自恋心理患者，这是我最近才刚刚得知的。这位女士对大多数事情都表现的很固执，希望全家都无条件满足自己的期望。现在，我才意识到这位母亲“情商”不高。情商这个词是用来形容人们应对脸部表情、声音语调和他人感觉的能力。她以自我为中心，主宰一切，经常错误解读或根本不关心他人的想法。

玛丽莎和我一起读初中时，我花了很长时间来观察她和她的母亲。我倒是从来没见过玛丽莎的母亲打她，但是玛丽莎几年间经常拿她母亲的事情开玩笑，如她母亲的本能反应、缺乏耐心、因为母亲察觉到她对自己的不尊重而打她耳光等。一天，玛丽莎来到学校，她的头抬地比平时高一点。她微笑着说：“结束了。我妈妈再也不会打我了。”我惊恐地看着她，几乎以为会听到她说谋杀了妈妈，把她埋在后花园里。

我靠着衣柜上冰冷的金属部位，听玛丽莎诉说所发生的事情。一个小时前，玛丽莎准备出发去学校。她从床边的梳妆台上捡起钥匙。我以前多次去过她的房间，脑海里浮现她所描述的情形。她已经穿上了外套，这时她母亲进房间了，和她说放学后的安排。玛丽莎是典型的青少年做派——一只耳朵听妈妈说话，脑子早就飞到男朋友和前几天的一场幽默戏剧上去了。她嘟囔着应付妈妈，说怎么安排都行，但妈妈认为她的回应没有礼貌。玛丽莎知道接下来会发生什么，所以她想都没想，灵活地抓住了妈妈扬起在半空中的手臂，盯着她的眼睛。玛丽莎心中涌上某种情绪，平静而坚决地对着母亲的脸："永远，永远不要再这样。"玛丽莎的母亲看起来震惊极了，似乎自己被扇了一巴掌，在突然长大的女儿面前败下阵来。在那一刻，玛丽莎知道，辱骂从此结束了。玛丽莎果断地应对了自己的母亲，就好像成功地打败了小霸王一样。

尽管在那个清晨玛丽莎终止了周而复始的辱骂，但她并不能从内心改变自己的母亲。只要母亲的意愿与玛丽莎的想法有冲突，她就不可能期待母亲在与她斗智斗勇的过程中变得灵活，善解人意，或者讲道理些。只要家里有专横独裁者，就永远没有妥协的空间。这是自恋主义者的天性——完全关注自己，有爱的意识和能力，但不能真正理解他人。幸运的是，玛丽莎的父亲不是自恋的人，因此他能培养玛丽莎开朗的性格，这是她真正需要的东西。

一些家长无法胜任家长角色

众所周知，摊上什么样的父母，这是没有公正可言的。有的家长本身就有诸如自恋的心理疾病，有的家长酗酒、吸毒，有的家长性格粗鲁，还有的家长总是缺席孩子的生活，这些孩子与生活在稳定家庭的孩子相比，确实有许多不利条件。然而，也有很多孩子没有受到其原生家庭的影响，因此，我们必须承认这里存在命运的暗示：孩子也能从消极的养育方式中吸取教训。比如，艾沙丽在酒吧里狂欢时，是否会想着将自己的孩子独自留在车里呢？估计不会。玛丽莎会扇自己孩子的耳光吗？也许不会。孩子们的适应能力很强，只要他们在需要的时候能找到一个健康的成年人。我们都希望自己是那个健康的成年人，而不是孩子记忆中采取消极养育方式的父母。

自身问题重重的家长无法成为孩子第一条建议中所期待的体贴而平和的裁判、建议者和教师。他们胜任不了养育任务，而且永远也不可能胜任。有一些问题父母可以改变，但是可能会有点晚，在某些情况下，这种改变难以弥补他们已经造成的伤害。

然而，如果你正在阅读本书，你就能成为出色履行养育职责的大多数家长之一。如果你尊重自己的孩子，尊重自己，希望你的孩子也尊重你，就请信奉家长权威，反思自己的教育做法，坚定而持之以恒地进行正面管教，你与孩子之间的艰难局面就会有所好转。

制定计划

大多数时候，我们都能像孩子们所期待的那样，做一个体贴平和的教练、建议者和教师。也有一些时候，我们做不到。然而，为了让教育方式持续一致，就有必要制定一个计划。我们必须制定适用不同年龄段和不同情况的一些基本原则。尽管如下建议的框架是按照青少年儿童的家长设定的，但也适用于所有家长。这些智慧来自于以色列籍儿童心理学家海姆·吉诺特，并加入了西蒙斯教育公司的一些观点：

● **说服他们。**你可能逻辑很棒，每时每刻都是对的，但是在与青少年的争论中，你永远也不可能说服他们。你必须充分利用性格特点去赢得他们的心。

● **更加人性化。**吉诺特引用了一个青少年患者谈论起其父亲的话，“我希望他不要这么聪明，能更加人性化些！”[①]人性化意味着更敏感，更容易投入感情，更有同理心，更欣赏艺术、美、情感和幽默。人是有缺点的，向孩子承认自己有缺点，但不要用自我否定的方式。不要贬低自己或轻视自己。你有缺点——这可是件大事。

● **别那么关心对错与否。**以你的年龄，你也许知道和能感受到什么事是对的，但不要总是第一个说出来。让孩子去得出结论，不论你是否赞同他的观点。对他的观点表示尊重。对孩子来说，感受到你的爱比知道你是对的要重要得多。

● **不要愤世嫉俗。**不要打破她的梦想。她也许能达到你都无法企及的高度。

---

① 海姆·吉诺特，《父母和青少年》（纽约大学：麦克米伦公司，1969 年），第 129 页。

● **不要伪善。**你的孩子已经听过你说自己相信什么，他们会观察你的所作所为。所以，如果你说自己不是一个种族主义者，但当外来移民走过街道，你表现地愤懑不平，他们就会注意到。记住，不要去评判，你也就不会被孩子所评判。始终如一，不要辜负他们的期望。

● **做一个真正成熟的人。**青少年尊重那些有深度的人，他们每次都能分辨出真假。他们在电视和流行媒介上看过太多肤浅的例子。要重视学习和真正的人生经历，对比虚拟现实，以此来平衡孩子对二者的摄入。

● **和善而有建设性的处理暂时性的错误。**青少年需要学习平静和温和；用你最好的表现来为他们做出榜样。如果表现好的时刻远远多于表现坏的时刻，称赞一下自己。

● **复述他们的感受。**向孩子表明，你理解他们，然后说出自己的期望。“你觉得我们禁止你外出是因为不信任你。我理解，你想能自己决定回家的时间。但是，我担心你，因为你累了，路上有很多酒驾司机。大多数时候，我都信任你的判断，你很聪明，我为你感到骄傲，但是我并不总是信任你朋友的判断。在合理的时间回家，我就能睡个好觉，你也会更安全。”对你有利的事情，同样对孩子也有利。如果对你不管用，这件事也就不会发挥作用。无论如何，重要的是要用中立的态度来观察、赞同、倾听和质疑，如果不能妥协，就要坚持自己的立场。

- **要善解人意，但不要过分善解人意。**吉诺特说：“最悲剧的是，无论我们多么明智，在青少年的眼里，我们不可能一直都是对的。”[①]其实本应如此，因为青少年正在试图把我们和他们区分开来，他们要定义自我，但同时又需要我们的认可。甚至在并不是真的不同意的时候他们也会争辩，这样他们能对某个想法或某项情感进行反复讨论，然后去试验。

- **简明扼要地讨论，符合事实。**引用吉诺特的话：“青少年并不想要立刻获得理解。当因冲突而感到困扰时，他们会觉得自己独一无二。他们的情绪看起来很新鲜，有个性，且完全是自己独有的，其他人都不会有这种感觉。如果有人说，‘我完全理解你的感觉，在你这个年纪，我也经常这样’，他们就会觉得受到了侮辱。”[②]尽管它看起来是充满同情心的慰问，但同时也可能是傲慢和不着痕迹的假设我们知道孩子的感觉。所

① 海姆·吉诺特，《父母和青少年》（纽约大学：麦克米伦公司，1969 年），第 31 页。

② 海姆·吉诺特，《父母和青少年》（纽约大学：麦克米伦公司，1969 年），第 31 页。

以这时最好是点点头、倾听、简要的说，而不要表现出“这是你的事情”。

● **帮助孩子，“容忍他的焦躁，尊重他的独处，接受他的不满”**[1]。父母都难以接受孩子的不快和痛苦。我们要尽一切可能来让他们重新快乐起来，但这也可能难以见到成效。

这么多孩子之所以被宠坏，善于操控别人，原因之一就是我们太心软：他们清楚地知道如果自己眼泪汪汪，面露悲伤，我们会怎么做。他们知道自己的父母很软弱，施加点压力，大人就不得不买账。

另一方面，孩子在经历真正的焦躁、难过、悲伤、孤独和不满时，我们必须让他们面对这些艰难的感觉。我们要带着尊重给予爱和理解，支持他们。这是他们必经的旅程。他们必须知道，如果他们需要我们，我们就在他们身边，但他们也必须知道，我们相信他们有能力去应对。

① 海姆·吉诺特，《父母和青少年》（纽约大学：麦克米伦公司，1969 年），第 30 页。

我们状态不好的时刻

长期坚持采用能获得孩子尊重的方式来处理事情，我们就能与孩子建立起良好的基础，来执行所有的管教事项。状态好的时候，我们用智慧和力量说服他们，但是我们状态不太好的时候该怎么办呢？

我们也会搞砸一些事情——大喊大叫，说不应该说的话——为亲子关系留下一些悬而未决的问题和尴尬的情绪。我们心头总是浮现着一些不冷静的时刻，让我们来面对它，有些人失去冷静的时刻远比正常的时刻多。对大多数人来说，也许亲子关系的基础比我们想要承认的还要更薄弱。那么我们该怎么办呢？

孩子们希望我们保持平静，头脑清醒，但实际情况是，和孩子特别是十几岁的青少年生活在一起，无异于和精神病患者共同生活。最重要的是，你要记住，你是成年人，愤怒其实可以是你的朋友。

愤怒的礼物

我们大多数人都害怕自己的怒火，或是认为我们没有理由生气，或是害怕引发更大的愤怒。政治正确的理念使我们的怒气在很多领域都失去效用，在儿童养育方面更甚，教育过程不允许生气，取而代之的是无休止的哄劝，或因为家长害怕处理生气的局面而忽略教育问题。换句话说，家长的力量被削弱了，他们能力的一个重要部分就来自于正当的愤怒。

然而，就在我们为了孩子的利益而生气之前，我们要对运用权威的权力保持头脑清醒。如果你是婴儿潮期间出生的家长，你刚好成长在家长和政府权威都受到质疑被认为比较缺乏的时期。即使你是“这个时期的人”，你也可以假设自己不是。

如果你是“我一代”父母，你可能就深受政治正确的影响，你也许会认为，用不管教、不生气的方式来养育孩子是可行的。但是你大发雷霆了：你尖声惊叫，同时又因尖叫而痛恨自己，你可能会打孩子，然后你可能又想痛打自己。我们都经历过这种时刻。你是普通人——承认这一点吧。是时候把愤怒作为你的朋友了，因为你避免不了。

主张权威

首先，你必须收回你作为家长的权威。从政治正确的理念中脱身出来吧，它已经失去效用了——正如今天的年轻人在执行道德规范上犹豫不决，越来越松懈。记住《懦弱的父母，胆小的学校》中这样一段话："任何人，无论级别多高，地位多尊崇，多么聪明，多么专业，都不比我们更有权力来对自己孩子的生活做出决定。"①

还记得你的家长角色吗？你是孩子生活中唯一的、最重要的人。你是孩子经历中最重要的影响因素，其他任何人都无法替代。很少有人能认识到，当我们把孩子带到这个世界时亲子之间所产生的心理联结作用有多么巨大。除了你自己，没有人更适合抚养你的孩子。好在你有与生俱来的家长权威，这让人感觉良好，但更重要的是，你要掌握知识和技能去进行教育实践，特别是运用你不可避免的怒火。

愤怒并非不道德

即使是在政治正确的抚养理念之前，许多家长都认为生气是不道德的行为，②这一思潮可追溯回专制的50年代甚至更久

---

① 罗兰和雪莉·C·黄，《怯弱的父母，胆小的学校》，第52页。

② 吉诺特，《父母和青少年》，第94页。

以前。这是因为，愤怒会显露出狂暴、失去理智、野蛮的形象，进而造成破坏。狂暴是建立在愤怒的基础上，让人感到害怕。它在不经意间突然爆发，类似火山喷发，产生巨大的破坏作用，留下饱受冲击和损失巨大的火山和受害者。

我们经常疑惑，愤怒来源于何处？我们也许会惊诧于来源于自身情感和不安的巨大力量。然而，如果允许隔一段时间就宣泄情绪，并控制得当，愤怒也许可以作为正面管教中一种有用工具。愤怒是一种力量，作为家长，你一定不能不掌握它。只有伴随着报复、蓄意伤害心理的愤怒，才会变成邪恶的力量。

让孩子看到家长发火是完全没问题的。只有父母无法控制愤怒的情绪，这才是不可接受的。

父母必须清楚，自己有愤怒的权力，也必须清楚愤怒背后的意图是什么。让我举个例子吧，这个例子很有名，是我从主日学校中得来的例子。（引述宗教故事不符合政治正确的原则，但是愤怒同样也不符合政治正确的原则。）

大多数人认为，一个好的基督徒应该是非常友好、乐于助人、态度温和和宽容的人（也许甚至有点受气包的意思）。但是耶稣（Jesus）不是受气包，表现出有限度的“友好”。在这个故事里，耶稣清除了神殿里的钞票兑换业务，他发现神殿到处忙着做生意，而不是祈祷，他体察到这样一种趋势——当然也不是第一次看到——人们对物质财富的渴望超越了精神食粮。就在那一刻，耶稣涌上无名之火，用鞭子、硬币和零零散散的东西，把钞票兑换人员，连同他的羊和猫，从神殿里赶了出去，还掀翻了桌子，大吼着，认为他们把祈祷的圣地变成了“抢劫者的贼窝”（《马太福音》第 21 章：12–13）。也许，我们可以假设一下，这种愤怒已经持续了一段时间，可以肯定的是，他对这种错误局面的感觉有多么强烈。这一点显而易见。

愤怒表示我们在意

作为家长，你不得不以生气的方式来表达自己强烈不赞同孩子的行为，其次数比想象中要多得多。这些时候你是愤怒的，这是一件好事，正如海姆·吉诺特所观察到的：“我们的愤怒都是有目的的；它显示出我们的关心。在某些时候，没有愤怒，表明我们对此事漠不关心，心中无爱。内心有爱的人不可避免会动怒。”[①]孩子们也知道这一点。他们知道，即使我们关注的

---

① 吉诺特，《父母和青少年》，第 96 页。

时候并不高兴，但它表明我们很在意。对孩子来说，在需要父母热情参与的场合，父母却冷淡以对，没有行动，孩子情感上将受到多大的冲击？

“谁来阻止我吧！”

孩子们会设计一些需要父母予以关注的场面，尽管通常情况下，他们并非有意识地这么去做。他们想看看自己的父母将如何应对，同时希望父母能坚定而有原则地来处理，因为他们对此非常渴望。孩子不会被控制的，实际上，由于他们还处在成长过程中，他们经常失去控制。他们满心希望能有一个强壮、有控制力的父母，能驾驭他们，关心他们，指导他们。

吉姆·卡瑞（Jim Carrey）在电影《变相怪杰》（The Mask）中的表演很有趣，他带着绿色面具说：“谁来阻止我吧！”我认为，我们的孩子其实一直在对我们说这句话。当家长带着“我们有权力和权威来制止他们”的态度阻止他们时，结果一定会超乎意料地好。

作为一名教师，我不得不管教其他人的孩子，这是我的职责所在。我认为，孩子到学校来就是要接受训练，使之能较好地在相互协作的环境中正常工作生活——许多孩子确实已经具备了这样的能力。但是，所有的老师也不得不面对一些仍在寻找某个权威人士来约束自己的孩子。这些孩子在家里得不到约束，他们会转而寻找其他可接触到的权威——如老师，这种寻找是无意识地，但是他们真心希望能最终找到一个有控制力的成年人。这意味着，每个班或某几个班上，老师总要面对一小部分孩子，他们想和老师作对，或者用左顾右盼，或其他不恰当的社交方式来占据和吸引老师的注意力。通常来说，他们或和别的孩子结成同伙，或争相引起老师注意。当然，这会扰乱课堂学习环境，必须要制止，而这正是捣乱者所想达到的效果。

上课的时候，我会保持兴奋的状态，全身心投入到教学中，所以我不想因严肃纪律而中断课堂。我会向这边发出“嘘”的声音，或者向那里抛去一个嘲笑的眼神。我会保持耐心，但是如果某些行为还不停止，有时候我就会发火。每每这时，我就会非常严厉，表现出生气的样子，告诉他们，他们的行为是绝对不能接受的，并且强调如果他们不改将带来什么样的后果。

出现这种情况，我不会采取消极态度。生气时，我也不会采取敌视——我不会点名，也不会提高声调，我只是承认自己的感觉："我很生气，对在课堂上不能集中精力的人感到很失望。"这样并不会将课堂变成一个消极局面，我经常很吃惊地看到自己表明生气态度后的结果。我的告诫往往让课堂变得安静。班上又重新聚精会神了，接着继续学习。一些学生对我的行为充满感激，我注意到，尽管在气氛变得沉重后我能感觉到不舒服，但在重新恢复课堂秩序后，班上所有的孩子都变得更开心了。他们下决心认真听课，参与到课堂中来，维护课堂秩序。另外，我们的互动——至少在此后第二天——比之前更有礼貌了，他们更加努力认真，有些学生还会出乎寻常地乐于助人和讲礼貌，这一切都是为了让我感到高兴。

有时候，我会因为不得不管教别人的孩子而感到沮丧和不安。我会想：这些小子怎么就敢打扰我倾注了心血的课堂，他们怎么就敢把我的耐心逼到极限？然而，我逐渐意识到，在这种情况下，我的反应就应该是表现出正当的愤怒，这些孩子们都知晓这一点。他们的反应就是，平静下来认真对待某事，开始学习，在我的关注下感到安全而踏实。尽管这是我工作中最不喜欢的部分，但我仍然意识到，当孩子们以他们的方式逼迫我展现出成年人的一面时，他们依然给予了我神圣的信任。

我以明确的方式告诉他们，我的忍耐是有限度的，让他们看到我的真实情感。而且，我完全是为了他们好。作为家长或老师——家长角色的替代者——这是我们获得孩子信任的方式。如果你像我一样，你就会痛恨面沉如水的每一分钟，但是你之所以还会这么去做，是因为你关心自己的孩子，关心他们能学到什么。

缺乏管教＝缺乏对孩子的同理心

如果在孩子成长过程中，缺乏成年人来捍卫他们的权力和感情，他们就会变成一个缺乏同理心的人。他们走进教室，想象的是大家都围着他转，而不会去考虑老师的目标或其他同学的需求。罗伯特·肖在《流行病》一书中解释道："如果孩子得到的是无尽宠爱，从来没有听到过'不'的拒绝，或体验过被限制的感觉，他就永远没有机会学习到其他人也有自己的生活、情感、需求和意愿。缺乏发育良好的同理心，孩子就无法去爱别人。"[①]这么说很可怕，但非常真实。不尊重他人的孩子，比如扰乱课堂，是在某方面有欠缺的人；他们已经失去了珍视

① 肖，《流行病》，第107页。

和理解他人权利和需求的机会；在客观上，他们已经被剥夺了受教育的机会，而剥夺这个机会的人正是最溺爱他们的父母。

我们生活在一个冷酷无情的社会。电影、电视、电子游戏和晚间新闻都无一例外地显示着，人们在为满足个人私利而生活着。社交媒体不断刻画着人们的生活恶习和对人类生活的无情杀戮。我们欣赏电影和电子游戏中人物个体的毁灭，我们必须认为他们是消耗品，和我们完全不同。他们的死亡是可以接受的，我们不能承认所有的个体是有情感的，有欢乐，有痛苦，有被爱的需求。因为如果不这样，就会让射击、肢解和激烈的爆炸失去乐趣。于是我们情感出现了分裂，我们变得不再那么敏感。

谁能从这些麻木中获利？当然不是那些热衷于玩游戏或看电视的孩子——当然也不是广大世界。谦恭有礼、尊重、温和和善都取决于这样的观念：人是有价值的，值得我们关心。要关心，我们就必须保持敏感；我们必须对自己身边的人友善，富有人性。如果这样就意味着拒绝流行文化，那就拒绝吧。已经到了让我们所有人都有责任感、坚决反对任何形式的粗鲁的时候了。

同理心和同情心之间的差别

我们要培养孩子的同理心，但有讽刺意味的是，作为父母，我们的同情心需要有所限制。人们通常把这两个词看作是同义词，但同理心和同情心并不是一回事。同情让人联想到赞成。如果某人对另一个人有同情的情绪，这就达成和谐的一致：你们俩是一路的——你赞同他。有同理心，则不需要赞成这种情绪，只需要理解即可。

作为教育工作者，尊重和理解孩子的感觉非常重要，但同情不恰当的行为则会削弱你的立场和目标。要记住：你在坚持某个立场，你不需要赞成孩子的感觉和体验。如果孩子冲你大喊，你可以承认他的感觉很强烈，但绝不能同情他这种不尊重人的行为。你可以感同身受，但不要同情。如果你同情孩子的情绪，而你又反对他的行为，那么你传递的互相尊重的信息就会大打折扣。

- 善解人意；理解孩子的感受，但是不要参与其中。
- 关注当下要解决的事情。
- 记住，成年人的视角与孩子的视角有所不同，也应该不同。

- 期待并坚持互相尊重。

我们希望孩子成长具备体验各种感觉情绪的能力，但我们必须为他们做出榜样，做一个有节制的、成熟的榜样。心理治疗专家玛丽·派佛（Mary Pipher）说："缺乏责任心的社会是危险的，缺乏同理心的社会是专制的。健康的社会应该对它的人民说，'我们能感受到你们的问题，但是你们必须有良好的行为'。一个好的社会会教育人们既有同理心又有责任感。只有依靠这二者，我们才能团结在一起。"[①]我们希望孩子能对他人的需求保持敏感，不被粗鲁的文化分崩离析。这就意味着，我们必须首先愿意向孩子们表明，我们也有情感和需求，我们必须向他们表明，他们的行为会影响我们。

较好地利用怒火

以积极的方式来运用怒火，其效用不可低估——不仅是为了让孩子们遵守行为规范，而且也是为了建立孩子的同理心。在

① 玛丽·派佛，《互相庇护》（纽约：西文图书，2008 年），第 157-158 页。

大发雷霆和利用怒火之前，你要清醒地知道应该做什么，不应该做什么。对孩子和家长来说，突然爆发怒气的那一刻是最可怕的。正如海姆·吉诺特所观察的那样，“我们会陷入暂时的疯狂”①。如果我们没有一套应对技能来处理这种时刻，我们可能会攻击和侮辱别人，我们甚至可能会采取危险行动，过后又充满负罪感和懊悔，这些都是要避免的。假设出现了突如其来的怒火，请按照如下事项去做：

- **描述你所看到的。**采用以“我”开头的第一人称句式，“我看到一大堆昨天就嘱咐你要洗的衣服，我还看到了一大堆还没有完成的家庭作业”，“我看到你的进展报告了，我认为不可接受”，“我看到有人站在这里，而这个人半个小时前就该来了”。

- **描述你的感受。**“我觉得非常生气和失望”，或者“我觉得你不珍惜自己的教育，没有把我当回事”，或者“你说你会来，但你没出现，我很担心，同时也让我觉得和别人待在一起不舒服”。

- **描述需要做的。**“今天必须把这些脏衣服洗了”，或者“先

① 吉诺特，《父母和青少年》，第 97 页。

把家庭作业做了，再去做其他事”，或者“要做一个守信的人，这很重要。也就是说按照自己所说的计划去执行”。

除此之外，伯特·西蒙斯还提供了“矛盾反应”技巧。这是一项技能。你要训练自己做与所期待的截然相反的事情。生气的一个自然反应是缩紧肚子，脸上露出愤怒和痛苦的表情。要注意你的表情和感受。这需要控制，但也需要练习。要做的事情如下：

- 让肚子放松下来。
- 脸上流露出确定的、安静的、思考的表情。
- 让头脑取代身体的本能反应。后退一步，把动作放缓。
- 降低音调，或者根本不开口。
- 你甚至可以走开，在平静下来后再指出问题。

最重要的是，你要记住，不要去攻击孩子的人格或个性。

- 把注意力集中在行为和行为后果上。

- 永远不要采用侮辱的方式。
- 不要旧事重提。
- 处理当前的状况。
- 非常坚定地说出你要求孩子做的事情。

一旦冷静下来，你就可以进入到头脑冷静的建议者和教师这个角色中了,这正是孩子们所爱戴崇拜的。你可能还有点抓狂，但是你能控制住自己。你非常愤怒，但属于正当发火，表现富有责任感，且符合孩子的最大利益，孩子们就能感受到你坚定的力量和深厚的爱。

接受

作为父母，我们必须接受孩子对我们不时的冒犯，让我们感到不舒服，感到受伤，因辜负信任而恼怒，盛怒等。这都很正常。只要我们积极正面地表达自我，不诉诸侮辱或虐待，我们就有资格问心无愧地去承受养育过程中带来的各种感受。

简·法尔(Jan Faull)是儿童发展和行为领域的专家,也是《西雅图时报》的专栏作家，他说：“在有限制的基础上表达愤怒，并不是一件坏事。”[①]例如，你可能会说，“我对你很难过”，或者“我希望你知道，现在我很生气”。法尔进一步阐述说：“当家长用言语——而不是轻蔑、讽刺、挖苦——来表达愤怒时，它有时就能改变和促进孩子的行为。”[②]正如她在其他地方所提到的，这种冲突甚至能有助于使亲子关系更加紧密。[③]当争论的阴霾一扫而空，大家重归于好，有多少人不会感到自己与孩子更加亲密了呢？

只有当父母采取无礼不尊重人的、旨在造成恐惧的报复和控制策略时，才会伤害到孩子。

---

① 简·法尔，“有效地利用怒火是一项挑战”，《西雅图时报》，2007年2月24日。

② 同上。

③ 简·法尔，“不要让挂断电话的怒火影响决策”，《西雅图时报》，2005年2月19日。

2
要有家长意识

孩子们的原话：

不要反应过激，做出不理性的、无效的行为，比如大喊大叫、打人，或采取与所犯错误不相称的、随意的惩罚措施。

解读如下。

2　要有家长意识

作为家长，我们要有家长意识。这意味着，家长要检点自己作为家长的行为和动机。我们从自己父母处学到的许多东西完全是无意识的，这也是为什么我们在自己身上看到有父母的行为痕迹时，经常会大吃一惊（或习以为常）的原因。正如罗兰和雪莉·C·黄所说："如果这些行为是你想一以贯之的，那就非常好。如果不是，你就需要深究自己的孩童时期，确认哪些是有价值的、有效的养育行为，哪些行为是你想要避免的。"[1]

---

① 罗兰和雪莉·C·黄，《怯弱的父母，胆小的学校》（巴尔的摩：美国出版社，2005年），第58页。

我猜想，你可能会认同孩子的观点，也认为我们童年记忆中最坏的行为是大发雷霆——吼叫，而后转化为侮辱和指责，动手打人，这些都是我们应该尽力避免的。正如孩子必须学会自我控制一样，父母也应该如此，这就要求我们要理解自己的行为动机，而后才可能改变。

你为什么会反应过激

你害怕：

● 会在争论中控制不住自己——事关孩子的场合，容易失控——我们也害怕控制不住孩子。我们认为，如果不能控制他们，就没法保护他们。当处于青春期的孩子就像理所当然一样想要挣脱出我们的控制，这种担心特别真实。我们真的能感受到某种微妙和不可言说的恐惧。

● 孩子不再爱我们。我们本应尽到家长的职责，但没有做到，这种痛苦的罪恶感会让我们有潜在的恐惧。也许是因为离孩子太远，工作时间过长，吼叫次数太多，喝酒太多等，无穷无尽的原因。

● 孩子不再尊重我们。如果家长缺乏权威（过于宽容），孩子成长过程中角色缺位，或者虐待孩子，这种恐惧就会很真实。

● 如果我们还没有学会如何抵制无为和充满敌意的行为，变成自信果断和积极主动的家长，我们同样会容易出现过激反应。

你没有制定计划

● 除了我们自身成长过程中获得的精神力量，我们没有别的可以依仗来处理危机。

● 敌对型家长在满足自身需求时，常常以他人的付出为代价。他们口出恶言，言语粗俗，行为不当；喜欢大声惊叫，冲人喊叫。他们让别人感到恐惧和愤怒。记住，对这种人来说，无所作为和充满敌意是再自然不过的事情了。要解决这个问题，就要教育和学习完全不同的理念。

● 所受到的教育告诉我们，我们不想无所作为，也不想充满敌意。我们想成为果断自信，积极主动的家长，掌握真正的管教教育技能。

战胜恐惧，制定计划

要记住，做一名有效的管教教育者，首先要认可自己具备承担这个任务的资格。

- 你是孩子生活中最重要的人，比其他任何人都重要。
- 你不需要完美无缺，即使把事情弄糟了，你也要学会原谅自己，这很重要。
- 你有管教孩子的资格，也有生气和滋生某种情绪的权力。
- 你的孩子需要家长权威和限制。

权威型家长的目标中并不包括恐惧。权威型家长是自信的，掌握着一整套培养孩子的技能，而且经常反省教育实践效果如何：哪些管用？哪些不管用？下次我该怎么做？（参见附件 B）

反应过激或缺乏计划的其他原因

你认为自己不需要做计划

如果你出生在婴儿潮时期，那么你所成长的阶段正是养育理念发生变化的时期。和之前的家长不一样，这个时期的父母在培养孩子方面上不再愿意做独裁者或压制者。他们充满理想主义，甚至认为自己不需要做太多计划。实际上，他们满脑子认为孩子们需要的就是爱。“我们想让事情变得简单……我们希望一切都充满乐趣。总而言之，我们和前代父母不一样，想给孩子更多自由，把他们从各种规矩、限制和习惯的禁锢中解放出来。”①这就是所谓的“倒洗澡水连孩子也一块倒掉了”。抛弃了一切，甚至连精华也一并丢掉了，单单留下了一些概念。所以，许多七十年代出生的成年人产生了即使不懂，也想试试的心理。他们抛弃了旧理念，接受了新观念——不论新观念是什么。

你崇尚自尊运动

要记住，我们是好人——但好得有点过了头。一开始，自

① 罗兰和雪莉·C·黄，《怯弱的父母，胆小的学校》，第45页。

尊运动听起来很棒：保护孩子的自尊心，尽可能不出现我们曾经忍受的各种不愉快的指责。从某种程度上来说，这很好。我们尽量不指责孩子，但是“不管你怎么做，或者不管你学到了什么东西，都要自我感觉良好”的理念[①]，对孩子没什么好处，对我们做父母的也起不到作用。

你不想唱白脸

你想做孩子的朋友。现在，你已经知晓孩子需要真正的父母。正如伯特所说，“作为父母，你可以像朋友一样友善，但不能是孩子的朋友”。如果作为孩子的朋友，你就不能持不同意见，也不能管教孩子。

你认同政治正确的理念

这会让家长面对孩子完全无能为力，也解除了父母管教孩子的武器，任何方面的武器。

---

① 简·吐温基，《我一代》（纽约：远流出版社，2006 年），第 57 页。

你是史上最忙碌的一代

与之前任何一代相比，你工作时间更长，娱乐活动更多，压力也更大。能留给家庭和缜密思考的时间越来越少。

你总是不信任自己的最佳本能

在你的观念里，专家总是比你更了解孩子。

怪不得孩子认为我们走极端，非左即右。我们有娱乐精神，思维简单，想做他们最好的朋友，但事与愿违。由于缺乏计划，我们对青少年的行为充满恐慌，易暴易怒，几乎到了要进精神病诊所的程度。

家长之怒

发怒是没有处理好之前的事而导致的结果

要记住，如果没有处理好愤怒，怒火就会累积，转化成有毒物品。“如果你发脾气，就说明你在拖延处理某件事，直到有一天你压制不住自己内心的挫折感和处理该事件的重要性，怒火就会爆发出来。”[①]生气时，要以身作则地告诉孩子如何恰当的处理愤怒，如果和孩子来一场怒气冲天不冷静的对话，就可能会破坏亲子关系。伯特·西蒙斯认为：“怒火源于对未来的不确定性：‘我要做什么？我不知道！’结果就生气了。如果制定了计划，掌握了处理技巧，就能预见未来的情形。”

吼叫和威胁不可避免地会转化为侮辱和指责。不要攻击孩子的个性或人格。正如E·蒂莫西·伯恩斯（E. Timothy Burns）的警告：“当我们用语言或非语言方式提出、建议或暗示某负面期望——例如，说你的孩子傻、没用、不称职等等——我们就是在无意识地、可能永久地影响着他们的性格和行为。”[②]话一旦说出口，就永远无法收回。每一次对孩子性格的攻击，需要事后弥补孩子很多爱，才能消除创伤——如果这种创伤是可以消除的话。

问题：有时候，为了避免吼叫和一般性的冲突，我们会选

---

① 罗伯特·肖，《流行病：美国文化的腐朽，教养缺位与放任养育，以及随之产生的大批苦闷自私的儿童》（纽约：里根书局，2003年），第21页。

② E·蒂莫西·伯恩斯，《从风险到应变能力》（达拉斯：马可波罗出版社，1994年），第103页。

择逃避，或者置之不理。这可能比吼叫更不好。

如果我们忽略孩子不好的行为和孩子为引起家长注意而发出的微妙信号，就是在逃避。我们之所以置之不理，是觉得累了，想偷懒，痛恨冲突，或者害怕孩子。这传递给孩子的信息是，我们确实累了，懒了，怕孩子，痛恨冲突，他们不值得我们从舒适地带走出来去采取行动、解决问题。（忘记我们在建立自尊活动中所做的事情。）当我们“再也无法解决这些难题时”，许多人就把问题推给媒体和电子产品。有时候，我们只是暂时搁置，想观察一下看会发生什么，这既谈不上积极主动，也不符合孩子的最佳利益。缺乏管教是父母的疏忽和家长对孩子情感上的放弃。

最近，一个青少年孩子父亲对我说：“有时候放弃会相对容易些。你觉得累了，要改变也已经晚了，你就是不想吵吵闹闹了。”如果家里孩子已经长大，这种模式就已经固化下来。家长和青少年争辩，或者小孩子发脾气时，最终总是孩子“赢”。家长默认孩子的不良行为，孩子甚至会得到物质安抚。“好好好，只要你在商场里表现好，我就给你买这个礼物。”这种带着技巧和物质贿赂的安抚效应就像滚雪球一样，“长期以往，将会消减孩子的人格发展”。[①]孩子将学会操纵他人，以自我为中心。贿赂孩子会教会孩子用非法或不正当的手段达到目的。孩子与家长的心理契约，他与生俱来的权利，就是你们是父母，他是孩子。对你来说，违背家长权威就等同于背叛。

解决办法：要避免吼叫和争论，就要采取模糊回应，或者重复指令。要教育孩子如何去杂货店，如何开车，如何去别人家拜访，如何和邻居玩耍等等。告知你对他们的期望，你希望他们有什么样的行为（参见附件 A 中的技能和情景）。

改变消极言论

迄今为止，可能每个人都听过，青少年的头脑和成人并不相同。青少年的“大脑前额叶皮层——大脑中负责自我调节、冲动控制和理解事件后果的核心区域——仍然处在生长发育期”[②]。在与青少年的争执中，他们的过激行为常常映射着家长的行为。我们常常在还没有完全了解事情之前就提高了声调，狠狠地侮辱他们。很快，我们发现自己的行为不那么高尚。青

① 肖，《流行病》，第 20 页。

② 凯瑟琳·梅根，《青少年发脾气背后的生物学》，西雅图时报，2005 年 1 月 30 日。

少年尚可用大脑发育作为不理智行为的借口。我们不能。作为父母，我们必须做自我控制的榜样。

冒犯的话也可以以建设性建议的形式表现出来。伯特·西蒙斯在其1993年的著作《为成功而约束》（Bound for Success）中，向父母提出建议，如何将与孩子的谈话从消极语言变成积极语言。例如：

消极语言：“我今天花了九个小时才做好桌上这顿饭——你至少可以帮忙打扫干净吧！”

积极语言：“让我们都来出一份力吧，这样晚餐后就有时间一起玩游戏了。”①

当然，这里还取决于父母的态度。同样的场景，负面情形下，家长决定花九个小时来做这顿饭，然后自怨自艾，扮演受害者角色，让家里人有负罪感。

在正面情景中，我们并未察觉她对家庭或任务有负面情绪，

---

① 伯特和贝蒂·西蒙斯，《为成功而约束》（圣莫妮卡，洛杉矶：Lee Canter and Associates，1993年），第49页。

这也许就意味着，她对自己做饭的行为负责，在艰巨的晚餐准备工作后，她所说的话，仅仅是请求获得帮助。她的态度积极正面，甚至提出完成清扫任务后还会有有趣的活动。

消极语言：“你就不能做点对的事情吗？”

积极语言：“尽管犯了错，但你自己完成了这一切，我为你感到骄傲。如果你……下次就能做的更好”①

同样，这次也是态度问题。第一句话完全不关心孩子感受，而第二句话则注意为孩子留面子，对于孩子背后所做的努力给予语言安抚，然后提供帮助。实际上，第二个家长的语调是受人尊重的建议者和老师的语调，也是我的高中学生对自己的父母有微词的地方。这个家长担起了父母这个重要职责。

批评的本意是要改变人的行为，但是绝大多数时候，却在孩子的头脑中和亲子关系中埋下了破坏的种子。这种破坏性是持久的——不可能移除或消除。换句话说，我们可能让孩子背

---

① 伯特和贝蒂·西蒙斯，《为成功而约束》（圣莫妮卡，洛杉矶：Lee Canter and Associates，1993 年），第 49 页。

负持续一生的、带着仇恨的记忆遗产，它在孩子们的头脑中周而复始地播放，仅仅因为他们生活中最重要的那个人曾经说过。

海姆·吉诺特曾经这样说："父母的批评……会滋生愤怒、怨恨和报复的渴望，甚至有更可怕的效果。一个十几岁的孩子总是受到批评，他就学会了自我谴责，也会去挑剔他人。他学会了怀疑他人，认同个人宿命。"[①]如上所述，我们就能明白为什么"正确管教"的建议被列在第一位了。负面管教对人伤害很深，一旦情感上不能治愈，这种伤害可能会持续一辈子。

① 海姆·吉诺特，《父母和青少年》（纽约大学：麦克米伦公司，1969 年），第 77 页。

3
关于权力

孩子们的原话：

不要侮辱我；不要滥用自己作为成人的权力，

或对我实施身体上或语言上的虐待。

解读如下。

3　关于权力

出生在婴儿潮时期的人们想否定其家长权力，进而“我一代”的家长如出一辙。他们想，就顺其自然吧。但是，否定自己的家长资格，就是在拒绝人世间这项最重要的工作。

高中学生所写下的侮辱相关的建议，尽管他们谁也没有暗示自己所表达的有性侵含义，但是我想，我们不得不假设，当想到养育中“要做的事，不要做的事”时，这些最坏的场景就不可避免地浮现在脑海。孩子们都不喜欢谈论性侵的事情，但是他们几乎所有人都知道谁被性侵过，他们中有些人就是受害者。

学生们反复告诫，“不要侮辱儿童”。这个笼统而模糊的劝诫列在管教序列中，因为体罚和语言攻击往往是错误管教的结果。像我们一样，孩子们能从新闻里听到一些可怕的故事：惩罚孩子挨饿，体罚和谋杀孩子，抛弃孩子等。这都是一些可怕而极端的例子。我们很少谈及的、生活中最常见的例子，往往发生在家庭里，往往不会在身体上留下痕迹。但是，孩子们都知道，一些家长滥用权力的方式多种多样，家长自己也知道这是错误有害的。他们知道：“一个青少年被迫反复地感受到自己是愚蠢的，他就会将其认作为一个事实，接受这种评价。”[①] 他们知道，挨打会让孩子觉得自己遭人痛恨，侮辱儿童的父母是真正无能的，直白地说，能力极为有限。

并非所有的“侮辱”都是侮辱

在持有政治正确理念的人看来，“侮辱”这个词意味着各种行为的集合——既包括毁灭性质的虐待，也包括潜在的建设性的管教行为。有些可能带来不适和短暂痛苦的行为，如果要将其归之为虐待行为，要经过审慎思考。对此，罗兰和雪莉·

① 海姆·吉诺特，《父母与青少年》（纽约大学：麦克米伦公司，1969），第 81 页。

C·黄有一个有趣的说法。作为一名教师，为了管好这些不守规矩桀骜不驯的学生，他做了各种尝试，从“各种甜言蜜语、正面阳光积极评价，到出离愤怒的、滑稽可笑的举动”。他指出，真正的侮辱有这样一些特征，“语言上的攻击和控制……（和）生气地打孩子……唯一目的是带来肉体伤害”，他认为，激烈诚实的冲突，可能让人觉得不愉快，但有助于改善人们的行为，让老师和学生更加亲密无间。为什么？因为要真诚地对待一个不易相处的孩子，更需要胆量和关心。

然而，持有政治正确理念的人们会说，无情的诚实也是有虐待性质的，因为它可能会伤害人，冒犯人。正如黄所说：“不得不诚实、直截了当地告诉学生，大家都不喜欢他们，他们的行为激怒了大家，大家都很恼火，如果他们继续这样，就会没有朋友，前途堪忧，其实也是一件让人不安的事。”[1]真相会伤害人，但由此给孩子的益处也是不可估量的。如果从来没有人告诉孩子，说他的行为让人恼火，如果他在家没有接受良好的管教，那他的前途将会变成什么样？

---

① 罗兰和雪莉·C·黄，《怯弱的父母，胆小的学校》（巴尔的摩：美国出版社，2005年），第80页。

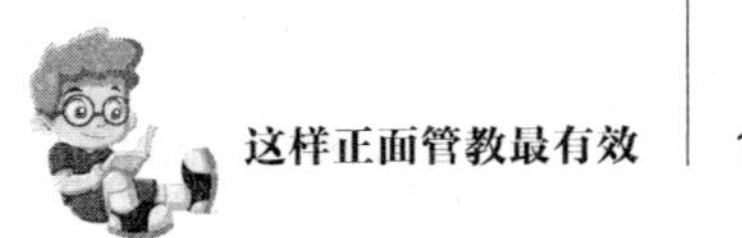

最近，我的课堂上发生了这样一件事。一个高年级学生做了一件“高年级学生”的坏事。当时正值四月份，他觉得自己等不到毕业。让我们姑且叫他杰森（Jason）。杰森没有看学校的分数——他讨厌这个——像往常一样告诉我们，他再也不用为大学烦恼了。但是，他还是很聪明的，全身心地参与了书面讨论。杰森习惯性地每天走进教室，宣称自己对学习不满意，却不得不留在这里。在我个人眼里，我知道他的家庭温暖友爱，但家长过于宽容，所以一点也不奇怪，杰森从小就被宠坏了，有反社会行为的倾向。

终于有天早上，我觉得自己再也无法忍受了；毕竟我在杰森所憎恨的学校里工作，所有这些都是我的工作任务，尽管他一直都在反抗我——但是我还是喜欢他。课前，杰森走进教室，像往常一样抱怨，当时我正与另两名高中女生谈话。我脸上带着微笑说：“杰森，你怎么这么粗鲁。”他愣住了。“我没有！”他坚持道。“不，你确实粗鲁。”一个女孩点点头。“你什么意思？我才不粗鲁呢。”他一边说着，脸红了。

我对他说，我工作很努力，不论他何时做出这种评价，都是在冒犯我。“嗯，我并不是这个意思……”他嘴上嘟嘟囔囔，从对抗情绪中摆脱出来。从那以后，我每天早上都能看到一个不一样的、更快乐的杰森。他友善地走进教室，兴奋地研究《哈姆雷特》（Hamlet）。因为全身心投入，在课堂讨论中表现突出。那次短暂的、让人尴尬的冲突，将他解放出来，不再习惯性地“以自我和自尊为中心”。从某种程度上说，他的这种变化是被迫出现的，我批评了他的个性，不是吗？我攻击了他的性格——这是作为一名积极管教者不应该做的事。但是我真的攻击他了吗？没有。当时冲突并不激烈。杰森也知道我喜欢他。在许多场合中，我都向他和其他同学表示过关心，我的建议也比较温和。带着怒火中伤他人的个性，和带着善意有意识地提点和说出真相，这二者是有区别的。我希望杰森不再对课堂出言不逊，结果见效了，他也从中获得了成长。

如果为管教立法

作为教育工作者，我们必须对自己的行为动机保持谨慎。同样的话语，带着不同目的说出来，可能效果截然相反。善意能有治病救人和教育的作用，同样的话如果带着恶意说出来，可能会把人的精神压垮。我们要做一个体贴、审慎的管教人员，分析不同情境，遵循内心本能：哪些对孩子是最好的？也许不属于政治正确的内容，但是可能刚好是孩子需要的。

要记住，政治正确是为了消除攻击和虐待，表面上听起来不错，但实际已经到了非常荒唐的程度。现在，管教甚至已经进入了立法程序。在欧洲的十五个国家的规定里，家长不管因为何事打孩子，都属于违法行为。我不赞成体罚，但是，体罚孩子和因孩子在大街上到处乱跑而打了他屁股一巴掌，这二者之间有巨大的差别。

家长权力再一次被剥夺了，不允许我们自行决定什么是对我们自己和对孩子最有利的。在写作本书的过程中，加利福尼亚妇女联合会萨利·利贝（Sally Lieber）推出一项议案——“打四岁以下的孩子就是犯罪”。[①]这项议案收到了许多家长的嘲笑，引起了施瓦辛格州长的兴趣，他说他就没有打过自己孩子的屁股。好吧，但是我们为什么会来讨论这个话题？正是因为政治正确的观点已经广泛为人所接受，进入我们生活的各个方面，我们甚至难以察觉到它影响的深入程度远远超过了它本应有的

① 南希·沃格尔，“立法者试图禁止打4岁以下儿童”，《西雅图时报》（转载自洛杉矶时报），2007年1月20日。

程度。

我们都知道，真正的侮辱行为应该被禁止，但是这样一部法令该如何执行呢？这难道不是在要求孩子把自己的父母交出去吗/交给警方吗？毕竟，其他人怎么进入私宅呢？在思考这项议案的内容时，我们感到，孩子们读的另一本小说《1984》中描述的阴云在日益逼近。

我们必须审慎定义侮辱的真实含义，不要将一些积极的管教实践，归结到政治正确教育理念所反对的的类型中去。国家无法做出对家庭最有利的决定；只有家长才拥有这个权力。

4

永远不要操控我

孩子们的原话：

不要操纵、强迫（以武力、惩罚、威胁等手段控制）、把我往坏里想，或者玩一些低劣的心理游戏试图控制我。

解读如下。

4 永远不要操控我

迄今为止，在对待孩子的事情上，最有效的方式是直截了当地、清晰地说出自己的期望，保持诚实的态度（哪怕是无情的诚实，只要带着关心的心态）。有的家长之所以采取操控方式，是因为他们质疑自身的能力，觉得必须采用隐秘的方式，才能获得他们想要的。本书讨论的是如何重新获得家长权威和能力，如何带着爱和力量去使用这种权威，而不是质疑自身的能力。操控孩子，就难以获得孩子的尊重，这种理念也与所提倡的正面养育理念在本质上是相左的。

强迫是爱的对立面

强迫会让孩子产生怨恨心理，因为它隐含着这样的含义，即不信任孩子能把事情做对。这实际上是在否定孩子。海姆·吉诺特讲过一个故事，故事的主人公是一名十八岁的孩子，该故事揭示了强迫的反作用效果：

在沙滩上散步时，诺拉（Nora）问妈妈："妈妈，你最终让一个男人成为了你的丈夫，之后，你如何把握住他的心呢？"

妈妈想了一会儿，弯下腰，用手抓了两把沙子。她攥紧了其中一只手：沙子从指间流走了。她攥得越紧，沙子流失地越多。而另一只手，她始终张开着，沙子依然保留在手上。

诺拉惊愕地看着妈妈，平静地说："我知道了。"①

在任何一种人际关系中，摊开的手意味着信任，就是在假设这个人有自由，他是值得给予信任的。将自身的意愿凌驾在孩子头上，这是一种人身控制，除非危及到了某人的安危，或

① 海姆·吉诺特，《父母和青少年》（纽约大学：麦克米伦公司，1969 年），第 216–217 页。

者触及到家庭订立的规矩。总会有这种时候，你需要强势地保护孩子的健康和安全，这时你做出决定权力可能是家长角色所赋予的，也可能是其他角色所带来的，但是无论如何，大多数情形下，做决定时要假设这是对孩子最好的选择，才是明智的决定。

期待孩子最好的一面

正如简·吐温基在《我一代》中所陈述的，“孩子们是在做好事、做有成就感的事情过程中，建立起真正的自尊的”①。这个过程很早就已经开始了。从襁褓时期开始，家长就应该向孩子表明，你信任他，他是一个好孩子，值得依赖。你建立了“信任（姿态）——成就（结果）”模式，你和孩子将会因有期望而持续获得回报。如果你信任某人，你就能预测他或她的行为。如果你得到了别人的信任，那是因为你始终遵循他们的预期，持之以恒地按这种方式行动。

然而，如果家长还没有与青少年建立起相互信任，家长就需要做一些补救工作。如果连一件好事都没做过，家长能做的

① 简·吐温基，《我一代》（纽约：远流出版社，2006 年），第 66 页。

最好的一件事就是向孩子道歉。

道歉有两种方式。在不同时候，家长和孩子就好像处在道歉的两端，道歉方和接受方。然而，要明白，并非所有的道歉都是真诚的，也并非所有的道歉都是治病救人和巩固信任，理解这一点很重要。要弄清楚真诚道歉和操控性道歉之间的差异。

真诚的道歉是带着责任感的握手言欢。“我为自己所做的事情道歉，以后不会再发生这样的事情了。”真实的意愿也是承诺。道歉者明白他并不是拖延时间，为下次冲突找理由。

操控者用道歉来安抚受伤害的人，下次还会故态萌发。对他们来说，道歉就是不当行为的借口和下次故犯的手段。他们充分利用基督教忍气吞声的教义。大多数人觉得自己是在被迫原谅冒犯者，但是实际上，接受者可以不用那么快地就接受道歉。如果操控者所道歉的对象是一个自信果断的人，接受者不会不假思索地说，“好吧，我原谅你”，而是会说，“我要考虑一下你的道歉，稍后告诉你我的决定”。这样会引起操控者的注意。

向孩子表达信任，并非意味着你对他就不管不问了。要记住，孩子正处在成长过程中，试探、犯错、实验都是必经的环节。

但是，期待孩子最好的一面吧，你一定会获得回报的。

如果你有做得不恰当的地方，想重新获得孩子的信任，那就和孩子说清楚你的新想法，每天坚持不懈地和孩子沟通。要持之以恒，一以贯之。久而久之，孩子会欣赏你的诚实，看到你的改变，以及你在这个过程中表现出来的谦逊的力量。

5
你就是实施者

孩子们的原话：

执行规定，遵守规矩，让我为自己的行为负责，有责任感。如有必要，对我采取严厉的爱。

解读如下。

5 你就是实施者

请注意，青少年要求父母遵守规矩，甚至认为守规矩比定规矩更重要。这是一个优先度问题。规矩如果得不到执行，那还要规矩干什么呢？现在的孩子见识了太多规矩，但一旦真正违规时，软弱的成年人（包括家长和老师）甚至都不敢坚定地实施惩罚。众所周知，青少年善于打破规矩，不断试探底线，但是孩子们并没有质疑这样一个事实，那就是规矩必须存在。他们只是希望成年人能更强硬些。

良好的规定能让人尊重

在《普通人》中，伯格医生想让康拉德从心理禁锢中走出来，能从自身、社会期望和社会规则角度出发来思考问题。在某次治疗过程中，康拉德面对即将到来的治疗，说了“成千上万条规定”：

伯格叹息道：“又是规定。他们应该把这些讲规矩的书都烧掉！”(伯格之所以这么说，是想戏弄康拉德，使之厌恶规矩，最终他达到目的了。)

“可是没有规则，我们该如何自处呢？”康拉德问道。[①]

这是个好问题。

我把类似的问题抛给了学生。提问之前，我先给学生放映了电影《黑客帝国》（The Matrix）结尾尼奥（Neo）在街边电话亭的片段。他对自己所在世界中事实上的独裁者说：“我要告诉人们你不希望他们看到的一幕。我要向他们展示没有你的世界，没有规则和控制的世界，没有边界或范围的世界，在这个

① 朱迪斯·盖斯特，《普通人》（纽约：企鹅书屋，1976 年），第 138 页。

世界中，一切皆有可能。”[①]一切都充满戏剧性，尼奥挂上电话，暴力反抗机器巨大的冲击波喷进了房间……影片结束了，课堂上甚至没有出现一丝混乱。我关掉了录像机，请他们写下两个问题的答案：

1. 我们能生活在一个没有规则的社会里吗？为什么？

2. 某些规定是否比其他规定更重要？分别举出一个首要规定和次要规定的例子。

在课堂讨论中，所有的孩子都认为，我们不能生活在一个没有规则的世界。规则往往有这样的特点，能让人们展开讨论各抒己见。事实上，常常因为时间原因，我不得不把讨论时间缩短。

- 一名高年级学生举出的次要规定的例子：小学高年级学生不能吃口香糖。
- 一名高年级学生举出的首要规定的例子：学校区域范围

① 黑客帝国，华纳兄弟，1999年。

内要减速慢行，因为孩子可能突然蹦到车前。

规定本身不是问题。孩子们都知晓，大多数规定对他们有补偿作用；换句话说，规定起作用的对象，通常正是规定的受益者。他们需要了解规定背后的原因，也希望认可规定的成年人能执行规定。

让孩子在能承担责任的年龄变得有责任感

有些孩子完全是在政治正确的教育理念下培养长大的，家长对他们说，你什么错也没有，你只是一个受害者，或者只是在某些时候受到了“挑战”而已。但大多数孩子并非真的不想变得有责任感，让父母来主导其生活，他们提出“正确管教”的建议就是最好的证明。

孩子们正在学习如何承担责任，但他们自己完全不知道应该怎么做。他们没有将承担责任付诸实践，还仅仅是停留在口头上。这也是为什么成年人要制定规矩的原因。但是，我也看到，有些学生缺乏道德方面的教育和引导，许多父母也许认为自己的孩子会潜移默化地吸收学习好的品质——但是从哪里去学习吸收呢？是从电视、网络还是同龄人中呢？

我们生活在一个以自我为中心的社会文化中。三十五岁以下的人被称之为“我一代”，恰如其分。如果只关注自身，就很少（或根本不）会去关注他人的需求。但是，如果你是一个负责任的、可信赖的人，你肯定会关注他人的利益、需求和期望。简·吐温基对比过“我一代”对自我和他人的态度——“想做什么就做什么，别管他人怎么想”[①]。她进一步解释道：“因为我们还是孩子，我们接受的教育就是要将自己放在首位。这个世界运转的方式就这样——为啥老宅着？走，逛商场去。”[②]

请注意，简·吐温基并没有说我们学会了将自己放在第一位；而是说，我们所受的教育就是要将自己放在首位，这里隐含着一个更积极主动的信仰的灌输行为。这种教导来自自尊运动——兴起于六十年代和七十年代的个人崇拜思潮。公正地说，这场运动表达的是时代的需求：在社会风潮僵硬的二十世纪五十年代，社会个体需要更多认可。但是，这种以自我为中心的风气已经失去了控制，亟需扭转过来。我们要

① 简·吐温基，《我一代》（纽约：远流出版社，2006 年），第 20 页。

② 同上，第 49 页。

把握好平衡，哪些是对个人有用的，哪些对社会有好处。第一步先要怎么做呢？

伯特给我讲过一个故事，一位名人在伦敦希思罗机场搭乘飞机，因携带多层装饰性的金链子而无法通过安检，被拒绝登机。服务人员对他说："跟我来。你被捕了。"

"你知道我是谁吗？"该名人问。

服务人员回答说："我不关心你是谁，我关心的是这架飞机的安全。跟我走吧。"良好的品德应该放在第一位。

许多孩子想做有责任感的人。承担责任能让人产生掌控的满足感和做好人的自得感，而这正是我们所需要的。但与此同时，我们不得不与批评文化和责任放弃文化做斗争。过去三十年间，许多律师接了很多关于指责他人的诉讼案，由此带来了律师行业的极大繁荣。社会批评家查理斯·塞克斯（Charles Sykes）曾写过一本书《受害者的国家》（A Nation of Victims），简·吐温基进行过引用。对于当前社会，塞克斯认为，"逃避责任和指责他人的冲动已经深深根植于美国文化之中”[①]。不幸的是，这种指责的冲动已经传递给了我们的孩子，即使绝大多数人仍然向往生活中的诚实正直。

有讽刺意味的是，政治正确的初衷是让你自我感觉良好。如果没有受到批评，或者无需为生活中不好的事情负责，你就应该感觉更加良好，但这与人类心理中追求满足感的心理是背道而驰的。事实上，英雄（我们所有人都希望当英雄）的冲动就是要为自己的行为和经历负责。

比尔·莫耶斯（Bill Moyers）在采访著名的神话作者约瑟夫·坎贝尔（Joseph Campbell）及其著作《神话的力量》（The Power of Myth）时指出，真正个体（或英雄）的智慧，都是从自身经历中获取的，“而不是从宗教教义、政治学或任何社会公益的流行概念中获取”[②]。按照坎贝尔的说法，英雄所经历的旅程是“人类的伟大故事”，是我们所创造的、生死关头的一次精神之旅。英雄要找到同盟军，要面对严峻的考验，抵抗住诱惑，打击敌人，在黑暗时刻忍耐，在极端艰难的考验中活下来，

---

① 简·吐温基，《我一代》（纽约：远流出版社，2006 年），第 150 页（引用查理斯·塞克斯撰写的《受害者的国家》）。

② 约瑟夫·坎贝尔和比尔·莫耶斯，《神话的力量》（纽约：兰登书屋，1991 年），第 238 页。

然后赢得奖赏（不管有没有）。英雄要为上述所经历的一切事情负责。

在英雄的成长过程中，政治正确的教义和指责文化并不存在。英雄之旅的目标在于实现个人正直和成就感。让我感到高兴的是，无论是课堂讨论，还是学生作文中，都能看到许多年轻人有想成为英雄的冲动。我所担心的是，流行文化中对做一个好人的道德支持太少，主流文化反对英雄主义，很容易将社会大众对缺乏成就感教育的批评，转移到其他便于攻击的靶子上。

简·吐温基认为，这样只会让事情变得更糟。“教师们将会看到类似的态度越来越多，因为‘我一代’会有自己的孩子，也会认为孩子不大可能做什么错事。”[①]我写本书的目的在于，希望这种放弃责任的潮流能得以反转，家长和孩子都能通过提升个人责任感而获得力量和回报。

不得不接受家庭学校共育计划的孩子

我有一个学生，姑且叫他卡尔（Carl），他们这一代孩子

① 简·吐温基，《我一代》，第155页。

的许多毛病在他身上都有所体现。在此，我主要讲讲他的喜欢谴责别人的习惯，以及他日常对其他孩子的态度。卡尔在某篇作文中提及，因为成绩不好，家长在舞会前夕禁止他参加舞会，以至于他无法与朋友和约好的“美女”共同庆祝。

他的怒气可想而知：辱骂父母，为错过了有趣的舞会而痛哭自己悲惨的命运。从他同学那里，我了解到卡尔既喝酒，又吸食大麻，毫无疑问，舞会上肯定包括了这些他认为“有趣的”活动——以及与“美女”可能出现的艳遇。卡尔没有反省自己成绩不好，而这正是家长禁止他参加舞会的首要原因。我是他的任课老师，从日常表现看，卡尔也确实缺乏专注力，学习不够努力。他很聪明，常常参加舞会、玩游戏熬到凌晨，不按时睡觉。当我问他为什么没有完成作业时，他总是找一个理由不充分的借口，“我累了”，“我不知道这件事”，或者“我昨天晚上得工作”。总而言之，就是没有自己的错。

卡尔不快乐，他是一名操控者。他努力让别人为他感到难过，从而不再追问其表现。他也没有为自己所做的事情表现出责任感。因此，他在自己的生活中只是一个观察者，而不是一个积极参与者。在他的思想观念里，周边环境和其他人总是在束缚

约束他。

我和他的学校顾问、家长制定了一个计划，共同监控卡尔的行为。针对学生行为问题，伯特·西蒙斯与家长、老师、校长共同合作，制定并使用一套更为详细的计划。对像卡尔这样的学生，成年人应像团队一样共同执行“家庭学校共育计划”（参见附件B）。

确保孩子诚实

家长是孩子生活中的成年人，必须告诉孩子他们行为的真实状况，以及出于责任感，人们对他们的行为有什么样的期待。海姆·吉诺特举过一个例子，看看他的一个青少年客户是怎么学习面对音乐老师的：

“希望你已经做好了准备。”（音乐老师）说。

“我已经做过练习了。”克雷格（Craig）顶嘴道。

“书面作业只是其中一项。”（音乐老师）坚定地说。

“现在我知道你不是那么好糊弄的了，”克雷格说，“我之前的老师真好应付。”[①]

仅是一个简单的警告，克雷格就服从了。因此，我们可以推断出，克雷格过去有过这样的体验，家长希望他有责任感，他有与更严格的老师打交道的经历。克雷格的表现说明，他能很好地适应社会生活，非常正常，只需要一个坚定的提醒，他就能承担起责任。对绝大多数孩子来说，只要成年人采用这种语调，一般情况下，都足以让正常孩子回归正常轨道，诚实以对。同样，孩子也能体会到这一点。

但是，越来越多的教师看到，还有许多对正常提醒没有反应的孩子。比如，那个被家长禁止参加舞会的孩子卡尔，就是无法适应社会交往的例子。卡尔表现出反社会状态，他不知道正常状态是什么样。从他全然逃避责任、拒绝改变中就能看出这一点。过去，我们总是假设，随着人的成长成熟，人们会自然而然地为自己的行为承担责任。今天，我们仍然期望孩子有责任感，但更多时候，家长过于软弱，并且总是在找借口。

即使是传统意义上的好孩子，也可能有行为失范的时候。

---

① 海姆·吉诺特，《父母和青少年》（纽约大学：麦克米伦公司，1969 年），第 59 页。

年轻人的社交行为变化非常快，等家长和老师意识到自己已经落后于时代时，常常会大吃一惊。让我举个例子吧。每个学年结束时，我都会在学生年刊上留言。去年六月，一高中男生第一次把他的年刊递给我。他说希望我先写，然后再传给朋友们：他不想让我看到朋友们写的内容。当时我想，嗨，孩子就是孩子。哈哈。也许他们会写一些粗俗不太好看的评论吧。好吧，我不知道。

此后不久，我又给另一个高中男生年刊留言，这个孩子属于优等生，等到我留言时，年刊上已经写满了各种评论。在其中某一页上，我很骇然地发现提到一个强奸团伙夏天犯罪的信息，信息下面是某个高中男生的签名。我来解释一下：签名的孩子叫柯蒂斯（Curtis），他并不是一个犯罪儿童或教育失败者，而是他们班最好的学生之一：充满魅力、行为正派、广受爱戴。我震惊了。我一点也不关心这是不是在开玩笑。除了这一条留言，我还看到其他男生写的一些下流的评论。我对让我留言的学生说，看到其他人的评论，我觉得很不舒服。他显然并不认同这一点，我能看出来，他觉得我太古板了，这些东西再正常不过了，老师怎么就不能理解呢？但是那些话太出格了。

柯蒂斯听说了我的态度，那天下午上课之前，他把年刊带过来：“西蒙斯小姐，听说你不喜欢我给亚伦（Aaron）的留言？我的本意并不是想说任何不好的东西。”我说我觉得很可怕，然后用两三句话打发了他准备去上课。但他并不就此罢休。这其实很好，说明老师对他的评价有所降低，他内心感到不安。那天下课以后，他又来找我，他没道歉（意味着他不承认自己写错了），而是试图再三向我证明，他还是一个好孩子。最后，我告诉他，他在本学年做的所有事情都已经证明了他是一个好孩子，我也愿意相信他在亚伦年刊上那些粗野的评论也只是偶然事件。他立刻放松下来，但我却陷入了深深的困惑中。

一方面，我很高兴他在思考这个问题，现在他也应该明白写下如此粗鲁和厌恶女性的话对我是一种冒犯，也不为我所接受。另一方面，我也认为，这种粗暴的、露骨的性暗示评论对今天的孩子来说一点都不陌生，即使孩子有教养良好的父母和稳定的家庭环境。我认为，如果你是一个好人，就不可能这样留言，对此，柯蒂斯显然并不理解。如果你认为我的孩子绝不会犯这种错，建议你不要这么肯定。在我读高中的二十世纪七十年代，在任何人的年刊上写类似的话是严重忌讳的。但是，昨天的忌讳今天已经司空见惯了。

二十世纪七十年代，妇女就与陈规旧俗作斗争，强调尊重和平等。三十五年后，充斥着性和女性的市井语言现象比以前更严重。对女孩的下流称呼、电影里传播的各种性行为都向我们表明，尽管社会在进步，但对女性不尊重行为却更加猖獗。这让人无法接受，也不应被视为正常现象。当孩子向家长提出要求，要求让他们成长为有责任感的人，要求在必要的情况下采取严厉的爱，家长就应该满足孩子的这种要求。我们不能让无知和年轻人的混乱行为成为一种常态。流行文化教给他们不好的内容，家长要坚决反对，告诉孩子学会尊重所有人。

6
孩子并不总是需要那些对他们有益的东西

孩子们的原话：

不要禁止我的权力，也不要惩罚我不准外出社交（因为这样没什么用）。

解读如下。

6　孩子并不总是需要那些对他们有益的东西

我们之前提到的卡尔，他因成绩不理想而未能参加舞会。显然，还有很多学生都碰到过与卡尔类似的事情。对卡尔来说，不允许参加社交活动的惩罚并不“管用”，但对许多已经与孩子建立了信任关系的家长来说，这是一个有效的管教行为后果。如果行为后果起不到作用，那是因为孩子不够在乎，或者父母没有坚持执行这个后果。那么，家长就要另行选择，选择孩子真正在乎的东西，并坚持执行这个后果。

对许多家长和孩子来说，不许外出的惩罚效果还不错。禁止外出本身就是剥夺了一项重要的权利，即离家的自由。如果家长能做好监狱长的角色，那很好，但绝大多数家长没有足够的时间在家来执行该惩罚，有些家长则过于懦弱，无法坚定地抵制孩子的外出请求。这里还有偷偷摸摸外出的问题，例如从窗户爬出去，或者等父母睡着以后再外出……我的许多高中生在作文里都这么写。你也许应该像卡尔的父母学习，采取更强硬的措施，或采取另一种更有操作性的便于执行的方法。

绝大多数情况下，剥夺权利也许是家长所能采取的最好办法。对孩子和家长双方来说，如果按照如下顺序依次剥夺孩子的权利，效果将非常明显：

1. 手机
2. 把朋友请过来
3. 看电视或上网
4. 去朋友家

这就是所谓的家庭教育计划（完整的学校家庭共同培养计划，参见附件 B）。第一轮惩罚：拿走手机。第二轮惩罚：不能把朋友叫过来（手机也被没收了）。第三轮惩罚：不能看电视或上网（加上没朋友，没手机）。第四轮惩罚：根本没有任何社交活动。事实上，惩罚很少会进行到这个程度，因为你已经拿走了青少年几乎赖以生存的一切。对于幼童来说，这个清单要有所不同，要选择他们生活中最关心的东西。

当然，如果你与孩子已经建立起了互相尊重、互相信任的关系，孩子对你提出来的惩罚措施会更配合些。但是对于像卡尔那样的孩子，他们与父母的关系不够亲密，自己经常处于行为失范状态，总是表现出“可怜可怜我吧”的姿态，且不愿意与家长合作。在比较极端的情况下，你也需要更强硬。例如，如果孩子的房间有电脑，那么执行“不准上网”的惩罚就比较困难。这时，你就需要把电脑搬出房间。记住，要选择能够坚持下去且能执行下去的惩罚方式。

正如罗兰和雪莉·C·黄所指出的：“长达几十年的研究反复证明，在具备三种条件的情况下，孩子就能茁壮成长：指导、监控和承担行为后果。”①

---

① 罗兰和雪莉·C·黄，《怯弱的父母，胆小的学校》（巴尔的摩：美国出版社，2005 年），第 243 页。

- 明确阐述你的行为期望。

- 观察孩子的行为；保持监控状态。

- 确定好行为后果是什么，随时做好执行行为后果的准备。

要做到这一点，需要提前思考并制定出计划。

要记住，权利不是与生俱来——它是通过某种方式赢得的。提醒孩子记住这个事实。对孩子说，你对她有信心，相信她能实现你的期望，当她赢回来某项权利时，事情就会回归常态。

所以，说一千道一万，我想说的是，孩子们建议不要剥夺他们的权利，不要实行禁止社交的惩罚，家长还是忽略吧，毕竟，他们的观点有偏向性。

7

教授规矩

孩子们的原话：

立规矩，设立限制条件和行为边界，但要合理。

解读如下。

7　教授规矩

相对于立规矩，学生的建议更主要集中在执行规矩方面，这表明，他们想让自己成为有责任感的人，但是，显而易见，有规矩是第一要务。孩子们反复强调的一件事是，规矩必须合理。他们说“立规矩必须有原因”。只要设立的规矩对家长自己和孩子都是有益的，那么立规矩就一定有正当原因。例如，规定晚休时间，是为了保证孩子有充分的睡眠，保证身体健康，在学校学习能专注：

- 6 岁的孩子一天需要 10–12 个小时的睡眠时间
- 7–12 岁的孩子一天需要 10–11 个小时的睡眠时间
- 12–18 岁的孩子一天需要 8 小时 15 分钟 –9 个半小时的睡眠时间

你可以向孩子解释，他们正处于长身体的阶段，比成年人需要更多的睡眠，要想保持健康的心理机能，睡眠是必须的。规定晚休时间同样有利于父母，可以减少孩子与家长在睡前的各种争执，也能给家长留出一些自己的时间。一旦你说明了原因，孩子们就会愿意去遵守规矩。

这是你的权力

设定规矩是你作为家长的权力。记住，家庭不是一个讲民主的地方。为孩子的行为设定期望，给予指导，“表明你是成年人，你有孩子所不具备的特殊知识和成熟度”[1]。孩子们是正在成长的个体，但是他们也具备守规矩的能力。

---

① 罗兰和雪莉·C·黄,《怯弱的父母,胆小的学校》(巴尔的摩:美国出版社,2005 年),第 244 页。

家长有权维持一个家庭的平和，抚育守规矩的孩子。如果家长缺乏必要的养育技能，没有认识到自己的权力和权威，就会让孩子主宰家庭。我们已经看到了，由孩子主导的家庭是多么让人感到不愉悦，多么混乱，且充斥着那么多冲突。

这类家长不敢伤害也不敢遏制自己的孩子，他们害怕招致孩子的怨恨，也害怕如果自己过于强势，其他成年人会对他们指指点点。有的孩子被父母纵容地变成了小霸王，光是讨他们欢心、让他们高兴、安抚他们，就让人筋疲力尽。正如儿童心理学家罗伯特·肖所指出的，“对许多人来说，家庭生活意味着活儿太多，乐趣太少”①。他们并不享受彼此间的陪伴。“孩子笑话父母不太坚定的管教意图，要求父母全天逗他们开心，家长为把孩子弄到床上睡觉而想方设法，不得不熬夜，我们发现自己每天就像做苦工一样。这些孩子完全掌握了主导权。”②记住家长信条：我不允许你做任何不符合你最大利益——或我最大利益——的事情。有些事情是不容商量的。

---

① 罗伯特·肖，《流行病：美国文化的腐朽，教养缺位与放任养育，以及随之产生的大批苦闷自私的儿童》（纽约：里根书局，2003年），第21页。

② 同上，第17页。

由溺爱而滋生的怨恨

孩子不受约束和限制的坏习惯容易滋生家长的怨恨心理。家长认为自己投入了大量的感情和物质，却常感觉到被孩子所背叛。当然，绝大多数家长并不承认或认可这种怨恨。相反，表现出讽刺挖苦或愤怒。这种怒气并不总是直接指向孩子——有时候指向自己的配偶。因为亲子关系的破裂，孩子有时候也会怨恨自己的父母。孩子有行为不当时，家长理应负责任并采取行动。每个人都知道这一点。家长如果无动于衷，就会给人一种父母对孩子漠不关心、不爱孩子的感觉。结果，这一代孩子有了严重的情感联结问题，青少年患抑郁症的比例也是最高的。

俄亥俄州立大学的一位研究人员最近发现，孩童时代行为上出现问题——情绪暴躁、恐吓他人、有破坏行为——的年轻人更容易出现情感障碍。“与那些能很好地进行自我调节的同龄人相比，有过行为失序历史的孩子，一旦成年，在幸福感、生活满意度和自尊等方面都处于显著较低的水平。他们与亲戚之间的关系不够和谐，与父母之间的关系较为平淡，更难以建立亲密关系。”[①]

---

① 凯斯特引用肖，《流行病》，第 129 页。

我认识一个女孩，她就像幼童一样随心所欲。两岁时，她自己站了大约两分零八秒的时间，就开始整天尖叫、哭喊、嘀嘀咕咕，以此来恐吓自己善良且政治正确的父母。长大以后，她的反社会行为逐渐变好，虽然有一对学术造诣很高、支持她的双亲，但她还是年纪轻轻就患上了抑郁症，且出现人际交往障碍。即使这个女孩接受的是昂贵的私立教育，但表现出对正式的人际交往毫无兴趣、感到抑郁、没有动力，每每此时，她妈妈就会陷入深深的担忧和烦恼中。

孩童时代出现缺陷，如果家长不能及时跟进自己的角色，那么这种伤害会留在孩子身上，滋生出痛苦（怨恨）、消极激进的行为（惩罚父母）和抑郁（“我不值得接受管教”）。因此，对待幼儿也像对待儿童一样，予以限制，给予期望，这一点非常重要。你要做的事情如下：

- 对幼儿说“不”。
- 不要打孩子，蹲下来和孩子的眼睛高度齐平。这样很有效。看着孩子的眼睛。
- 用严肃的口吻说话，让他知道你的期望是什么，如果他不按照你的说法去做，后果是什么。

- 制定计划。
- 按照计划执行。

幼儿需要明确的路线框架——包括管教路线——来感受到自己是安全的、有价值的、受保护的。

你是管理者

这是你的家，你是充满爱心的成年人，是负责人。所有的孩子都需要有限制。这意味着："要设定好睡觉时间、做家庭作业的时间、看电视的时间、所吃的东西、一起玩耍的伙伴等。在这种严格管理的环境下，孩子就能茁壮成长。"[①]通常来说，规矩都是口头说出来，但是只要孩子已经长大能读书识字了，写下来，张贴在冰箱上效果会更好。例如，八岁大的孩子，需要提醒的事项如下：

① 肖，《流行病》，第 129 页。

赖安（Ryan）：

1. 练完棒球后，把棒球棍和球放好。

2. 如果7：30前完成家庭作业，你就可以看会儿电视。

3. 阅读的时间和玩游戏的时间必须一样长。

4. 和小妹妹说话时，用室内能听见的声音大小即可。

5. 即使是你的朋友过来了，也不要在屋子里跑动。

为了让我的期望更快、更真实地实现，我还为十七八岁的在校生张贴了几条课堂纪律。例如：

1. 按指令行事。

2. 禁止在课堂上使用任何形式的电子产品。

3. 拿走所有的电子产品，禁止放在眼前，下课铃响后才可取出，违反规定的下课后留校。

4. 不允许不按时完成作业。

当然，随着孩子的长大，如果他们表现好，有些家庭规矩是可以商量的。青少年都在不断寻求更多的自主权——更多的自我管理权限。为了表现出你对他们的信任，你可以给予他们更多的自由，这一点由你来决定。如果一开始就制定了坚定的限制条件，养孩子的过程就不至于像许多家庭一样陷入筋疲力尽的怪圈，而是能感受到真正的快乐。

8

尊重有两种方式

孩子们的原话：

尊重我，别允许我对你不敬。表现出你对我的信任。永远不要放弃我。表扬和奖励我的良好行为。

解读如下。

8　尊重有两种方式

我们已经讨论了尊重的极端重要性，家长要尊重自身权威，不允许孩子对自己不尊重。我们还讨论到，要尊重孩子成长过程中对管教和权威家长的需求，以及家长为何始终不能回避这一责任。

孩子需要家长的信任——相信他是一个好孩子、充满爱心、强壮、有能力，能够摆脱消极行为，成长成熟。孩子希望永远不要被放弃。在人生的漫长旅程中，他需要家长的陪伴，尽管有时候他没有明确表达出来。

赞美他们——但要注意表达方式

表扬一个小人儿的努力可以直截了当。就像这样："你真是一个让人惊讶的好助手"，"写的真好"，等等。这些赞美对十二岁以下的孩子效果不错。但青少年在某些个性形成方面则相对复杂，缺乏安全感。因此，对他们的赞美，他们可能会觉得像是评价，反过来听又像评判。即便是正面评价，他们也不一定完全相信，或者对这个评价感到舒服。赞美青少年时，最好是强调他们的自身努力、个人成就，或者你们的直观感受，而不是关注他们的个性："我喜欢这个小短文"，"你的汽车细节看上去真不错"，"你在这个项目上做了大量繁重的工作，真为你感到骄傲"。

与此同时，在平时更多不起眼的时候，只要你的赞美正当而真诚，赞美孩子就是有意义的；赞美时，请以第一人称的"我"开头。譬如，一种是"我真的很感激你的诚实"，"我很钦佩你能坚持完成这项任务，它肯定会取得很好的效果"，另一种是"你真是个诚实的好孩子"，"你真是追求完美啊！"，两者相比，前者更好。

最后那两句赞美就是评价性话语，暗含着要求孩子每次都要这样做的压力。青少年并不喜欢这种评价，但他们喜欢获得认可。如果你觉得有时候和你家十几岁孩子说话就得像在蛋壳上走那样小心翼翼，这就对了。你只需要记住，采用以“我”开头的句式，尽量避免评价。描述他们的所作所为，然后说你为他们感到骄傲。“你这幅画颜色互补，让人看起来真舒服”，“你穿那套衣服真好看”，“这个进展报告不错，我真为你感到骄傲”。

给予奖励，但不过分

近年来，孩子习惯于期待获得奖励。人们每每完成一项壮举，都能产生自我肯定心理，认可自身的能力、价值、控制力等，但这种内在回报往往被物质奖励和即时满足的欲望所掩盖。社会文化，甚至我们自己，都在用这种方式把孩子训练得如此肤浅。要记住，自尊行动告诉孩子，他们是与众不同的，成年人也有责任经常向孩子确认这一点。罗兰和雪莉·C·黄举了一个例子，许多孩子认为自己有锱铢必较的权力。他在《懦弱的

父母，胆小的学校》一书中写道：[①]

我有几个学生，每个学期都不能准时上课。迟到两三次后，他们按照出勤原则接受了惩罚——课后留校。第二天准时到校后，他们就跑过来问我，准时到校的话，他们能获得什么奖励。毫无疑问，我马上纠正了他们的错误观念，准时上课不是一项重要成就，不值得获得奖励。

因为习惯于获取回报，现实中许多孩子会提各种要求。“如果我按时到课堂，你奖励我什么？”一小块糖？一个微笑？又或者是轻拍后背的勉励？对于这些要求，我通常这样回应：

- 不。每个人都应该按时到校，这是对老师和同班同学的尊重，是对他们时间的尊重，也是对学习环境的尊重。迟到会扰乱教学过程。
- 不。基本的尊重行为本身就是回报。

---

① 罗兰和雪莉·C·黄，《怯弱的父母，胆小的学校》（巴尔的摩：美国出版社，2005 年），第 248 页。

很遗憾，太多孩子没有得到尊重，他们也不尊重他人。对于教师来说，另一个问题是太多孩子不珍惜教育机会，因为许多孩子家里本身就不重视教育。

对于“我一代”的孩子来说，所有的一切都必须围着他们转，不需要顾及他人的需求。所以，家长的责任就是要纠正孩子“以自我为中心”的错误观念，因为我们是他们生活中的成年人。他们正在成长，只要我们提供帮助，他们就能改变。

孩子都期望做好孩子

到七岁时，在家长一贯的爱和管教下，大多数孩子自然而然成长为人道主义者。①他们已建立起良好的道德感，会因好事本身而去做好事。这恰好是最佳的教育时机。你有这样一个可爱的孩子，他有良知，同情他人，乐于助人，讨人喜欢，并且依然认为你是这世上最伟大的人。

现在，他们已经变成了十几岁的青少年，看到了你的缺点，但他们还像过去一样依旧希望能讨你欢心。有一个高中女孩，

---

① 罗伯特·肖，《流行病：美国文化的腐朽，教养缺位与放任养育，以及随之产生的大批苦闷自私的儿童》（纽约：里根书局，2003 年），第 160 页。

她的妈妈正在和癌症作斗争，她说：“我和你看到的很多高中生不一样，你也许能听到他们背着父母骂骂咧咧，能看到他们搞小动作，但我永远不会这样做，因为我知道这样会给妈妈带来很深的伤害。”

从这段话里，我们能看到一个自律、与母亲亲密无间的孩子对妈妈的忠诚。这位学生还表达出了同理心，这种同理心只有在安全和充满爱的亲子关系中才能发展起来。

永远不要放弃他们

除了相互尊重和信任，孩子们还建议家长永远不要放弃自己的孩子，这一点非常重要。但很遗憾，伯特从事学校工作时经常看到父母放弃他们的孩子。他们甩开手哭泣，说再也不想管孩子了——但其实他们内心还是关心着。他们只是还没有决定好所要承担的家长职责，还没有真正负起责任来。下面是一个伯特·西蒙斯指导家长的例子。

有一次，我受邀去解决一个亲子教育问题，当时，学校副校长和8年级孩子的家长在办公室谈话，孩子也在场。这个女生已经连续逃课8天。当副校长说到“我们要共同努力，让她回到学校上课”时，母亲就打断他：“我们什么都想不管了。”

大家都看着她继续说：“她在拆散我们的家庭，我丈夫想要离开我，她什么都不在乎，我也什么都不管了。”

我让她女儿先离开，然后看着这位母亲：“你说你也不在乎了，是在告诉我你不再关心女儿了吗？”

结果，她说的完全相反，眼泪夺眶而出：“我非常爱她，只是我不知道该怎么做。”她说自己不想管了，其实是在撒谎，这也是一种操控手段。

我们常常听到类似“我再不在乎了”的话。家长和孩子都把这句话挂在嘴上。人们利用它来让别人恳求你，但它也会伤害别人。类似的话还有“你不爱我了”、“你不喜欢我”以及“我不喜欢你”等。这些都是操控手段。

哭也是一种操控。哭能够获得同情。同理共情无妨，因为它意味着“我能理解你的感受，但是并不一定赞同你的观点”。同情则是对感受的认同。不要对操控手段表示同情。家长的目标是真相。暂时的让步可以接受，但是如果始终让步、缺乏主

心骨、没有立场，你就会失去别人对你的尊重。

如果你想自信果断，想成为一名领导者，你必须能够识别出操控手段。

我们作为家长的问题在于，不仅要能够认出他人的操控，还要能识别出自己的操控手段。在这个家庭中，女儿和母亲都是操控者。他们利用哭以及伤人的话语“我不在乎”、“我恨你”来控制局面。这些谎言，让她们毫无道理。这位母亲需要接受咨询辅导，学会如何承担她作为成年人的责任，去除操控手段中孩子气的一面。要鼓励她用爱心和权威来亲近女儿，用自信果断和充满关心的指点来取代消极语言。

这位母亲被告知写一个家庭和学校共育计划（参见附件B），引导她这样和女儿说：

“瑞贝卡（Rebecca），爸爸妈妈期望你能够每天按时到学校。这样，爸爸上午送你去学校，和你一起去校长苏利文（Sullivan）的办公室。苏利文先生会和你一起去第一节课教室，我们三个人都期望，上学期间你能够每次都出现在课堂上。你每堂课都会去上，你会准时到教室。”

“不管什么理由，如果你被记录缺课，你就会失去一项权力，作为第一次违规的代价，这一点我们在家庭和学校共育计划里写得比较清楚。首先是没收手机，之后如果你继续违反纪律，那么会是你的车子，接着是电脑，依次是列表里的每一项，就像我们之前讨论的那样。一旦你回到正轨，所有权力都会恢复。每天我会和苏利文先生交流你的到校情况。明白了吗？”

家庭和学校共育计划能确保孩子完全理解家长和教师的期望。事实上，无论是指导孩子每天要做的事，还是涉及事情的每一具体步骤，家长都需要经常用平静、就事论事的语气来提醒孩子家长期望是什么。通过家长与学校的合作，孩子能看到多个层面的关爱和权威：事实就是，孩子会感到没有人在放弃他。他有表现良好的动力（能获得权力以及家长的认可），家长履行自己的职责，他也能感受到比他成熟的成年人在负主导责任，从内心产生安全感。要记住：孩子想做好孩子，他们希望家长言之有物，言出必行。

9

不要关注过多

孩子们的原话：

让我处理自己的事情，哪怕是我自己的错误。

对于需要亲手去做或者做错的事，不要纠缠、唠叨、训斥和打扰。

解读如下。

9　不要关注过多

这是针对“直升机型”家长的建议，这类父母因为自身追求完美，害怕失去对孩子的控制，常常会在孩子身旁来回徘徊，干涉、妨碍甚至取代孩子。诚然，青少年经常需要家长的提醒。作为老师，我时常提醒学生应该做什么，但是，我也期望他们能自己做记录。我的照顾是有限度的。青少年希望变得有责任感，能自我独立。他们想要自我学习，无论是错误还是所有的一切！我们必须给予他们这种能力。否则，他们会怨恨，难以从行为后果中学到知识。如果我们能记住，犯错是孩子与生俱来的权利，那么，家长就不用再说“我来告诉你”之类的话，也不用批评他们了。

犯错是一种学习方式。如果家长保护你，不让你交男朋友，你怎么能够分辨出哪些是好男人，哪些是你应该远离的渣男呢。如果你拿了驾照，父母却还在给你开车，你如何才能学会成为一名好司机呢？有些事情——实际上好多事情——都需要我们自己去学习。但是，因为家长经常在孩子体验自身行为的自然后果时将他们“挽救”出来，导致太多青少年无法认知他们的行为后果。[①]记住，作为父母，我们是好父母——但有点好过头了。看着自己的孩子在困境中学习，本身就需要勇气。鼓起你的勇气，知道什么时候应该退在身后。

注意操控行为

与此同时，家长必须注意孩子在什么情况下使用语言来控制我们。如果你是强势家长，你认为需要提醒孩子（在他眼里，他会把这叫做唠叨）时，你就要去做对他最有利的事：提醒他，

---

① 罗兰和雪莉·C·黄，《怯弱的父母，胆小的学校》（巴尔的摩：美国出版社，2005年），第249页。

或者唠叨他。

另一方面，有些父母训斥孩子有点过头。他们无休止地重复、喋喋不休地抱怨孩子的缺陷，看上去他们似乎还很享受这样的自言自语。伯特认为，“消极的父母不会把握平衡”。能把握平衡的家长不会不加节制地训斥。正如之前所提到的，要时刻牢记，你们是在赢得他们的支持，这十分重要。言简意赅地讨论管教规则，说服他们。（如果你们都很享受彼此的陪伴，你们就能无所不谈。）不要每时每刻都想着自己是对的，你就能赢得他们的信任。别去惹他们厌烦，你只需在他们需要你的时候去“骚扰”他们。能把握平衡的家长不需要埋头在某一点上。

孩子的口头操纵和负面语言会让你迷失管教目标。像“唠叨”、“骚扰”这样的说法是用来让你感到内疚的——令人厌烦——这样你就会打退堂鼓。“只有很逊、让人厌烦的父母才会唠叨、骚扰”，他们会这样说。不要对这样的说法买账，就当没听到，专注于当下要解决的事，言简意赅。

多练习，就能有所改变……无需完美，好就足够了

个人独立革命始于六七十年代，现在又回到了原点。我们

能看到它是如何帮助了我们，又给我们带来了哪些伤害。现在，我们已经知道一个有效的管教者并不需要专横和暴虐。

孩子的成长，需要家长意志坚定、充满爱心、始终如一。但我们仍有可能被灌输这样的理念：愤怒是错误的，惩罚就是刻薄。我最喜欢的电影台词来自1983年电影《山水不相逢》(The Big Chill)，格伦·克洛斯（Glenn Close）在电话中对女儿说“不”，她用最通情达理、最平静的语气告诉电影中的女儿，等她当了妈妈，她也会对孩子做出惩罚。

如果你质疑自身能力，不知能否改变养育行为，能否成为孩子所需要的坚定的家长，你可以先假装一段时间。是的，假装具备这种能力。这并不是说你的动机是假的——你的孩子一分钟之内就能辨别出来。这只是意味着，你可能需要在真正进入父母角色之前先行动起来。

我周日曾陪一个朋友去教堂听牧师讲述上述方法是如何起作用的。他的讲课以如何爱邻居为例子，但方法对任何期待的改变都有效。他说：“教友们，我明白，此时此刻你可能还不爱你的邻居——当然，这里说的‘邻居’也可以是你认为难以去爱的任何人。但是，如果你的所作所为都表现出你是爱他的，最终你就会爱上他们。看到她时，表现出好像你真的爱她一样。看到她，就对她微笑，向她问好。告诉自己你在意她的回答。听她说话，真正地倾听。像关心在意她的人那样点头。做一切该做的事。每次见到她都这样做。就像你爱她一样去采取行动，最终你就会爱上她。”我们有能力从内心改变。

希望改变自己的家长也可以采取同样的行动。你知道一个自信果断、关爱他人的管教者会如何作为。不管你的内心是否自信果断，都要遵照这样的行为标准去采取行动。定规矩，守规矩，执行规矩。尊重自己，也尊重孩子。每时每刻，始终如一，坚持去做。也许会有搞砸的时候。你不必完美无缺，只需要坚定、有权威地去作为，最终，你就能成为理想的家长。

附件 A：技能和情景分析

说明：本附件列举了一些真实场景，伯特·西蒙斯以父亲和中学顾问的双重身份进行了解读，提供了具体的应对策略，来帮助家长行使家长权威，与孩子沟通你的担心和你对孩子的爱。绝大多数场景都会描述家长和青少年的互动，有些可以根据需要适用于年龄段更小的孩子。全部的行动计划和技能指南可以参阅附件 B。

技能：识别出争论的主线

争论从来都不是由孩子引发的。一场争论往往源于成年人的第二次开口。所以，如果家长对孩子说："吃完饭以后请打扫一下桌子。"孩子看了一下父母说道："我不想清理。"此时，争论还没有开始。

待成年人第二次开口，争论可能就此引发了。如果成人说，"别和我争这个"，那么争论就已经触发。孩子可能会说："我就是不想做。"父母可能会说："你最好想做。"争吵逐步升级：

“我不想清理。不要朝我喊了！”

“我想什么时候冲你吼，就可以吼。”

“你总是对我大喊大叫。”你看，这你一言我一语，吵来吵去，感觉怎么样？争论是由成年人决定的。成年人要理解如何采取“模糊回应”和“重复指令”的方式来解决问题，也要理解孩子需要有选择权。

模糊回应——重复指令——“你可以选择”

模糊回应有点像这样：“我理解”，“我知道了”，或者“哦，哦”。不说话也可以作为第四种选择。

当要求孩子清扫桌子时，她说她不想干，或者她说还有其他事情，直接看着她的眼睛说：“我知道了。”如果她转头或撇开眼睛，你就应该把她叫回来，给予一个重复指令：再次要求她打扫桌子。如果她没有走开，但还是说不想干，或者说有其他事，你就需要看着她的眼睛，再次重复：“我知道了”。

模糊回应之后紧跟着重复指令，对话如下：

“吃完饭后请打扫桌子。”

“你总是安排我。”

重复指令：“你需要清理桌子。”

“但是，你从来没有这么要求过朱迪；她就能随心所欲地做自己想做的事情。”

模糊回应和重复指令：“我明白了。你吃完饭以后要打扫桌子。”

这是你打破争执路线的方式。你不参与争论，也不要走到孩子试图引导话题的思路中去。你既不反对，也不会出言不逊，自己不陷入争论。

通常情况下，只需要循环“模糊回应”和“重复指令”这个过程三次，因为绝大多数孩子忍受不了重复，他们就会不再继续，服从你的决定。但是，也有些孩子会有所不同，他们会继续和你争论，尽管你一直在回应和重复指令。你在做你应该做的事，但孩子没有反应。

所以，在第三次回应或重复指令后，你这样说：“我给你一个选择。”（这是你作为父母承担主导职责的时刻。）你说：“你可以选择：如果继续和我争论，今天晚上提前一个小时睡觉。”（或者你就不能再开车，或其他任何恰当的惩罚方式。）就此结束。作为家长，你要意识到，在这个点，争论结束，你甚至可以直接走开。

场景 1——叛逆的孩子

在你使用完模糊回应、重复指令，告诉他有选择的情况下，叛逆的孩子仍然在继续吵闹。现在你必须有前瞻性——你必须提前想好应对办法。不再考虑争论的事情，制定一个计划。等家长和孩子都冷静下来后，你可以再回来进行讨论。

你要提前做好计划，问问自己："如果我的孩子做出这样的事……比如违背我的意愿开车离家出走，或者醉醺醺地回家，或者偷我的钱……我该怎么办呢？"你需要提前想好对策，甚至在和叛逆的孩子产生争执之前就应该有所准备。你需要有备用方案。方案中要有可采取的实际行动。如果阻止孩子外出社交的惩罚不具备操作性，你就要限制他用车，或者没收他的手机，或停发零用钱，或任何你实际上能做到的事情——去做吧。然后从旁观察。要尽可能保持平静，让孩子感受到你的关心和爱。要提醒他，"谁是你爸爸？"，或者"谁是你妈妈？"，要重新建立起亲子关系中的等级概念。

如果孩子完全不懂得尊重人，违背你的意愿，你就需要重塑年幼者对长者的尊重，这个过程常常需要采用严厉的爱来完成。在需要尊重的事情上，家长如果疏忽大意了，就不得不经常性地做弥补功课。然而，如果你们已经建立起了彬彬有礼、互相尊重的亲子关系——一种真正的联结——你通常就不用求助于紧急管教手段。这就像权宜之计和系统治疗二者的差别。绝大多数孩子会对模糊回应和重复指令有所反应。

场景 2——以天为单位进行管教

家长要谨慎设定管教时限，比如，“好吧，六个月内你都不能参加社交活动”。不要这样。你应该以天为单位实施管教。要说，“这辆车禁用一天，除非我能看到你有所改变”。最快的安排就是自动限制社交，但是很难奏效，因为这是一个不符合实际情况的行为结果，并且许多家长不能坚持，不坚持遵守自己的决定。持之以恒只是个挂名而已。

不管家长采取什么行动，其实都问题不大。最关键的在于，家长是否会像自己所说的那样，真正言出必行。如果他们真的去做了——这就不一样了。你和那些培养了好孩子的家长聊天就会发现，关键不在于他们做了什么，而在于他们是否按照自

己的计划真正去做了。

场景 3——他们能走多远?

孩子取得了驾驶执照，想在周五的晚上开到 50 英里外的地方参加一场足球比赛。她父亲说：“不行，你不能去。”美国每年有 5000 多名孩子死于车祸。这名父亲有权关心这一点。

“但是爸爸，我的朋友都和我一起去，肯定会很有趣。”

家长说：“你看，加利福尼亚南部在下雨。高速公路上下雨天道路非常湿滑。我知道你是个好司机，但那是周五晚上，高速公路上会有酒驾的人，我可不想在周六早上看到你被装在尸体袋里。不行，你不能去。”

该管教的关键点可以在家长信条中找到：作为父母，我不允许做不符合你最大利益——或者我最大利益——的事情。这个场景表明的是家长信条中“不符合最大利益”的方面；作为父母，这个家长不愿意见到这样的局面。

场景 4——延缓冲突时间

我的邻居和我说起周六早上的一件事。他最小的女儿名叫凯西（Cassie），今年八岁。早上，他正在做早饭，煎鸡蛋和培根。

凯西走进厨房，说：“哎呀，闻起来好臭啊！”

我的朋友什么也没说，但心里觉得很受伤，就像心脏被钉了个钉子一样。他想：“哼，我这么辛苦地照顾她，这就是她的反应？”早餐一点也不臭——相反，很丰盛，闻起来有培根、鸡蛋、土豆和咖啡的香味。

但是他什么也没表现出来。他想：“我该怎么办呢？”他回想了一下前提条件：“感到愤怒时，不要对孩子说，平静以后再说。”现在是执行这个策略的最佳时间了，因为他感到自己受到了伤害，愤懑不平。他想：“这个小屁孩以为她自己是谁？”

当天，家里打算去圣地亚哥海滩，在车库往车上装行李时，我朋友把凯西叫到一边说：“凯西，从圣地亚哥回来后，我打算和你谈谈。”

凯西上车后问妈妈：“爸爸打算和我说什么？爸爸，你想和我说什么？”

“等我们回来以后再说，”他回答道。他希望孩子能仔细考虑一下。他们开车到了圣地亚哥，四个小时后返回——这四个小时对女儿来说就像一辈子一样漫长！

他们走进房间，把行李卸下来，然后父亲准备和凯西对话。他走进客厅，坐下来，开口说："凯西，到这里来。"此时，离早上事件已经过去四个小时；我朋友的心情已经平复，他现在非常理智。

凯西走过来说："好的，爸爸，什么事？"

他开口解释道："今天早上，你走进餐厅说，'闻起来好臭啊'，还记得吗？我想告诉你，我觉得很不舒服。我希望你明白：我不希望再发生这样的事情。我希望永远也不要发生这样的事。你没有思考就发表评论。你没有顾及我的感受，如果你这样对待别人，就非常不礼貌，所以不要再这样。"

延缓对不愉快局面的反应，是一种有效的方式。它刚好让你能掌控对抗，让孩子思考，这段额外的时间正好能让你有时间想想自己打算要说的话。

技能：识别操纵

人都会有各种各样的操纵行为，包括孩子也一样，操控是为了达到个人目的而试图影响他人的行为。通常会包含一些不正大光明的方式，意在曲解真相。作为父母，你的目标是要引导孩子掌握真理和爱。操纵是不可容忍的。孩子们经常采用如下行为来操纵：

- 责怪
- 道歉
- 对抗
- 找借口
- 过分情绪激动
- 沉默不语
- 说“我不在乎”

这里既有虚假道歉，也有真实的道歉。真实的道歉是健康的；虚假的道歉是操纵行为。与此相似的是，情绪过于激动的孩子可能表明他真的很紧张，否则就是在操纵。分辨出二者的区别也是一项技能。

如果出现操纵：

● 采用模糊回应：

“我理解，”“我知道了，”“嗯，嗯”。倾听，不要采取防备。

● 采用关键语：

“我向你们说了当前情况的严重性吗？”然后开始描述。“我知道你很难过（或很沮丧），但是你必须做家庭作业（或者你必须做家务，或者你必须以礼貌的态度和我说话，等等）。”

● 采用关键语句，重新回到谈话上来（引导回到要讨论的话题）：

“让我们记住刚才发生的事，不允许你用车，但是你用了”，或者“你打了妹妹，这类事情绝不允许再次发生”，或者“你说了脏话，以后不能再这样”。

“我希望你记住，我不允许你做任何不符合我最大利益或你最大利益的事情。”

● 要坚定，但也要公平。记住，不仅要看起来公平，说起来也要公平。为孩子提供选项。

● 表达出你对孩子福祉的关心。用平静理性的方式表达自己对孩子的爱。

- 询问以获取更多信息。
- 帮助解决问题。

场景 5——虚假道歉

包括孩子在内的许多人说了不合时宜的话，或在生气时说了伤人的话，但他们的道歉并不真诚："哦，对不起，妈妈，我刚才进你办公室时冲你喊了。这很不好。我很抱歉，能接受我的道歉吗？"

许多人会说："好吧。我接受你的道歉。"

但是我不会这样。我会说："先让我考虑考虑吧。"人们建立了这种行为模式，然后不停地再三地反复去做。这是他们消除愤怒的方式：充满敌意，发泄在某个人身上，狠踹别人，一天之后，他们再充满歉意地来请求原谅，"妈妈，我不会再这样了"，或者"妈妈，我真的很抱歉"。

可以原谅，但是原谅的人需要把它作为教育对方的工具。不要总是这么快就接受道歉，而应该说："我要考虑考虑，稍后我会告诉你我的决定。"

如果家长自然而然地接受来自孩子的道歉，这会给孩子造成困惑。他会感到疑惑："这是否意味着我做的事也没什么？我可以生气，然后要求原谅，就被原谅了？太好了！"这样，你的愤怒和所发生的事情都变得没有意义了。

如果家长向孩子坚持，以后再也不能出现这样的事，这就是底线。孩子在这次道歉中就必须真诚："我很抱歉。我不应该这么做，以后不会再这样做了。"这样，我们就得到了孩子的承诺。

场景 6——"妈妈，我恨你！"

一位年轻妈妈和我说了她六岁孩子的事情，当时是暑假，但她不得不外出工作，孩子就冲着妈妈大喊大叫，出言不逊。绝大多数时候，这个孩子很快乐、行为表现良好。但当他意识到，自己娱乐的主要来源（妈妈）要离开他，他不得不去托儿所时，一下子就爆发了。这位妈妈告诉我，她的策略是忽略孩子，任他哭喊，任其说出伤人的话（类似"妈妈，我恨你！"和一些其他咒骂），等着他道歉。最后，小家伙走到自己房间生完闷气后，他会返回来哭着请求妈妈的原谅。妈妈认为忽视孩子的策略起作用了，因为她最终获得了道歉。但事实却是，她有意地让孩子不尊重她。她放任孩子对自己爱的妈妈说出了那么多可怕的话，她也放任孩子辱骂她，使孩子变成了一个富有攻击性的人！我对她说，应该避免出现这种场景，然后我建议她这样去做：

下次，你的孩子变得难过，试图操纵你，让你和他待在家里的时候（因为这就是他在做的事，或者至少他是在以此来惩罚你的离开），你需要弯下身子，和他保持同样的高度，看着他的眼睛。如果可能，采用模糊回应方式，直到他完全冷静下来能听你说话，“嗯，我理解，我知道了”等。然后，当他做好了倾听准备，用平静坚定的语调：“我能理解你很难过，柯尔特（Coltan），但是你不能用这么不礼貌的方式和我说话。你明白吗？你可以选择。你在听我说话吗？好。如果你再次选择用这么不礼貌的方式和我说话，你就一天都不要玩蹦床了。”

剥夺某项权力或某项他喜欢玩的游戏，确保你会执行这项惩罚。要坚定，不要笑。可以确认一下孩子是否理解了你的意思。“你理解自己的选择吗？柯尔特？”如果他还不确定，重复一次，确保他明白你离开家去工作时，你希望他的行为怎么样。你说：“柯尔特，妈妈要去工作了，我希望你用友好的方式说‘妈妈再见’。我外出工作，你不需要表现出很高兴，但是你至少应该对我表示尊重。”

他第一次用尊重的态度说再见时，奖励他一个拥抱，告诉他你为他感到自豪，因为他是一个懂得尊重别人、善良的人。每次他以一种新的礼貌的方式说话，都给他一个正面回应，但是，如果他选择采用不礼貌的方式，那你就用威胁去反击——必须遵照这种方式去做。你必须说出言之有物，言出必行。

场景 7——不要被极端情绪所影响

如果你管教孩子时还在关心孩子的情绪，你就无法做一个高效的父母。为了持续有效地管教好孩子，你必须坚定地站在自己的立场上，认定自己所做的是正确的。孩子可能会按照自己的意愿有所反应，但是不要影响到你。你必须抵制这种操控。

偶尔一次的谈判是可以的，但是不要走到孩子气的操控阶段：“你可以欺骗我一次；你可以欺骗我两次。但是如果你骗我三次，那我可真是个傻瓜。”

一个典型情景是，一个十几岁的女孩已经被告知禁止参加朋友的舞会。你知道，舞会上有酒又有毒品，尽管她否认或避而不谈。你也不要对她打算同去的朋友发飙，家长尤其不喜欢舞会上年龄大一点小伙子的猎艳之心。另外，舞会举办地家的家长听说周末要出门，不会管舞会。

你有足够多的理由对孩子说“不行”，但是女儿认为你不公平。她说你不信任她。然后口水仗开始了，她对你发动眼泪攻势，大喊你不爱她，你从来不让她参加有趣的活动，你恨她的朋友，你想让她成为一个不受欢迎的怪物。（让我来打断一下，假设你不知道这个情况：青少年舞会上大量非法使用毒品，有性滥交行为。去年，我们学校有个学生吸毒过度，死在舞会上。）你需要做的是：

● 让她能在一定程度上大声抱怨。但你的唯一反应是做模糊回应：“嗯，嗯”，或者“我理解”，或者如果正在生气，保持表面上的平静就好。

● 如果你觉得特别生气，怕自己忍不住要发火，那就走开。等你们俩都平静下来，再恢复对话。

● 发出重复指令，考虑好自己要重复的话。她认为你不信任她。你就说你其实很信任她，但是你不怎么信得过舞会上的所有人。她说，“你恨我的朋友”，再次重复指令，“我信任你，亲爱的，但是我并不那么信任舞会上的所有人”。当她说，“你从来不让她参加有趣的活动！”，继续重复指令，“我希望你能开心，亲爱的，但是我并不那么信任舞会上的所有人”。

● 不要让她把你逼入困境。你是主导者，你是成年人。如果你需要提醒她这一点，就问：“谁是你妈妈？”

● 提醒她，即使她在舞会上保持清醒，干干净净，但是如果舞会上遭遇了警察，也会陷入一堆麻烦中。（“我不允许让你做任何不符合你最大利益或我最大利益的事情。”）

● 如果孩子公然反抗你，要去舞会，你就必须剥夺她的权力，接下来采取非常严厉的举动。然而，绝大多数孩子不会走到这一步。绝大多数孩子会不情愿地服从。

● 如果你与孩子已经建立了相互信任的亲子关系，你的女儿也许最终会感受到你想保护她免受舞会上伤害的强烈意愿，这也许也是很好的理由。

场景8——对吸大麻、逃课的孩子采取严厉的爱

我在美国西南部曾开过一次家长研讨会，会上约有300多

名听众。30 分钟后，一个男士打断了我的讲课，他坐在房间后面——大约 6 尺 2 英寸高，体型消瘦，穿着一件法兰绒的 T 恤和里维斯的牛仔裤。他向我挥手，我说："先生，您有什么问题吗？"

"对，"他说，"我有一个十五岁的孩子，他在门廊前抽大麻，不去上学。这种年轻人该怎么治？"

这是充满挫败感的家长的典型表达方式。

我问他："先生，您做好了心理准备听我的答案吗？"

"是的，这是我问这个问题的原因。"

"我打算给你一个答案。你想听吗？"

"是的。"

"好的。对此，我有两点看法。第一点：你要接受这样一个事实，在他过去十五年的生活里，您没有尽到一个父亲的职责，因为他在你房子的门廊前抽大麻，不去上学，他完全不尊重你。第二点：如果你想制止这一切，把孩子带出学校进行家庭教育。你要真正'拷上'自己的孩子十二个月时间。现在您的工作是什么？"

"石膏板工人。"

“很好。接下来十二个月，教你的孩子怎么做石膏板。但是你要明白一件事：你的孩子完全不尊重你，所以你必须采取严厉的爱来改变这个局面。接下来十二个月里，不要让孩子离开你的视线。你走到哪里，就带着他走到哪里，不要让他单独离开。”

这名家长看着我说：“啊，我不知道自己能不能做到。”

“所以说，你还没有为这个答案做好准备。”

我继续自己的演讲。研讨会结束后，其他人都离开了，这个人走到我面前。他有点卑微说：“先生，您和我说的那个答案是什么意思？”

“我已经直截了当地和您说了。”

他说：“我打算这样去做。”

“去做吧，”我鼓励他，“我还会回到这里处理一些事情。我下次来的时候会告诉你，我们可以谈一谈。”

简要地说，他照做了。他让孩子退学，在家里学习，重新塑造孩子。你知道，他不得不采取严厉的爱的方式。他也教孩子怎么做石膏板。他告诉孩子，他要对整个过程负责。

你看，如果你现在不承担自己的家长责任，你迟早还是要为他们负责，这就是这个家长的故事。孩子早期，他没有尽职，他让这个“未受驯化的顽童”和他们共同生活在一起，随心所欲地做自己想做的事。父亲必须主动一点、强硬一点、表现出他多么地爱自己的孩子，从而让事情有所转变。

场景 9——对再婚家庭中吸毒孩子采取严厉的爱

我们认识佩格（Peg）和吉姆（Jim）时，他们已经结婚六个月了。他们双方各自带了两个十几岁的孩子组成了新家庭。佩格的儿子是个十四岁的少年，吸食毒品——抽大麻和类似药品。他们来找我：“我们该怎么办？”

“你们要密切监视你的儿子，”我说，“我建议你们去学校与其中一名助理校长谈一谈，告诉他事情的详细情况。这样，在校期间，助理校长可以监控你的儿子。明天早上，你带着孩子去学校助理校长办公室，将孩子移交给他。他会采用我们所说的保护技巧，看着孩子被带到教室（因为孩子会逃课）。”

“放学以后，你们过来接他。这样确保他在校期间确实在上课。但是，课后你们接他回家直到第二天早上返校的时间里，他要经常与你们在一起。不要让孩子走出你们的视线。这样坚持一年，你就能挽救自己的孩子。”

吉姆和佩格和我们讲述了他们一周年纪念日的故事。吉姆带着佩格去了一个高档酒店。他看着桌子对面的佩格说：“佩格，我非常爱你。”

佩格看着对方说：“吉姆，我也很爱你。”

然后他们两人都转向儿子说：“我们也都非常爱你”——在那一刻，孩子真正与父母融为一体。

场景 10——教育孩子在商场里保持良好举止

要详尽地告诉孩子在不同社交场合应有什么样的行为举止。孩子从小就应该接受这种训练。家长一旦发现幼儿一进商场就死缠烂打指要东西，家长就有责任告诉孩子你希望他有什么样的行为表现。

如下例子描述的是三岁孩子如何购物。家长开车来到杂货店，你对三岁的孩子说：“儿子，现在我们打算进商店，我们要去买东西，我打算把你放进购物手推车中，你不要求着要这要那。不要问我要糖果或其他任何东西。如果你这么做，我就停下来，直接转身回到车上。我们在车上坐五分钟。五分钟结束后，我们再返回商场。”你可以让孩子重复一下你的话，确保他真的弄明白了你的意图。尽管此时这个重复还没有真正起作用，因为孩子还没有听进去。

问题关键在于，你进了商场开始逛，孩子说：“妈妈，我想要那个块块糖！”你甚至不用说话，只需直接停下来，把孩子带出推车，回到自己车上。你把孩子放在后座上，你自己坐在前座。然后说：“杰里米（Jeremy），五分钟到了，我们再返回商店。你知道妈妈为什么把你带到这里。你不应该问我要东西。”现在这时候，孩子也许会遵从你，也许不会。如果孩子遵从，他会坐在那里生闷气。如果不遵从，他会开始哭喊，实施操控。他们会说，“我再也不这样了”，“对不起”或者“你不爱我”，但是你要忽略这些。这时候不要对孩子的反应做出回应，只需要等“五分钟”的时间到了。请家长记住，幼儿无法分辨时间的长短。一分钟的时间对他们来说，常常已经是足够长的时间了。等时间到了，你只需要说：“好了，五分钟到了。我们再去商店吧。”你把他抱出汽车座椅时，看着孩子的眼睛说：“记住，不要求我买块块糖，也不要说买玩具，或者其他任何东西。”然后，你们进入商店，把孩子放置在购物推车上，

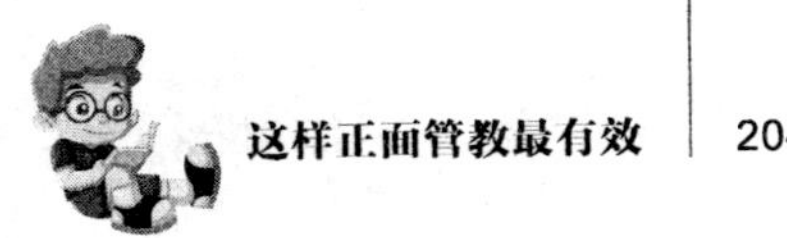

再次开始购物。如果孩子再次要求买什么东西，停下来，再重复之前的步骤。

这里的要点是，购物之旅并不是单纯地去商场，购物事件是要教会孩子如何去商场，这才是目的。也许会花费额外时间，但这额外时间会给你带来红利。所以，说出你的意图，解释你所说的话，永远不要说不能收回的话。

同样的办法也适用于耍脾气的孩子。

场景 11——耍脾气和其他反社会行为

孩子耍脾气，是因为他期望能从你这里获得什么东西；他想要你做什么事情，或者给他提供什么东西，但是通常会更复杂些。如果你有一个爱尖叫、爱打人、爱喊叫的两岁孩子，这就意味着，迄今为止，家长你一直在打败仗，因为孩子已经学会了这种行为。如果他们认识到反社会行为是恰当而有效的，他们就会不断使用。这就是操控。所以，如果你没有控制住两岁的孩子，你就要对自己说："到目前为止，我还没有对孩子采取过强硬态度。从现在开始，我就要变得强硬了。"

如果孩子在商场或其他公共场合耍脾气，告诉他，因为他的行为不当，现在不得不回到车里。如果他反抗，你就说："只要我说我打算把你带回车里，你就必须去车里。如果要让我动手来拖你，你也必须回车里。"把两岁的孩子抱起来，你可能是打算离开，也可能是停下来看玩具以分散他的注意力，但是你不打算对孩子的操控行为投降。孩子要学会自我调节。要想让孩子在不同场合都有良好的举止行为，孩子就必须接受这种管教。这里的关键在于，任何一项活动，都要给予孩子具体的指导，哪怕孩子还只有两岁。他有头脑，只是专注时间会短一点，所以家长要更加有耐心。

当然，还有其他类型的反社会行为。孩子如果虐待小猫，挠桌面，和表兄弟打架，家长都必须予以制止。家长要引起重视，避免类似行为再次发生。把孩子拎过来，让她挨着你说："你以后不能这么做。"要指导孩子。在行为方面，她也必须听从你的指导。例如，你可能会说："安吉拉（Angela），我们进商店时，你走在我旁边。不要到处乱跑。"然后考考她："安吉拉，走进商店时你得怎么做？"

"走在你旁边，爸爸。"

所以，管教的目的在于与孩子沟通你对他的期望。你要教授行为技巧，提醒孩子，并且给予时刻关注——时刻关注的意思是：因为你关心孩子，所以要观察，观察，再观察。

玛丽的备注

大多数幼儿家长认为，如果你在公共场合管教孩子——或者不管教——你都会收到负面评价。但是，正如伯特如上解释，把幼儿带到公共场合之外是更好的方式。这同样需要事先计划好。在整理这些场景的前一天，我刚好去 Fred Meyer 商场，听见一个孩子给妈妈造成难堪。我是先听到他们的声音，然后才见到本人。一个金发碧眼的小男孩，大概两岁，正试图站着从购物推车里爬出来。妈妈正在哄着他，求他坐下来配合她，但是小男孩一直和她对着干。他们转过一个角落，过了一会儿，不出所料，我听见了——大声喊叫，然后是尖叫，一直持续到出了我的听力所及范围，这种耍脾气的行为让我很不舒服，相信所有的购物者都不喜欢。我相信，你们已经见过类似的情景成百上千次了。

那位妈妈应该做的，在进入商城前，她就应该向孩子说清楚自己的期望。她应该说："安迪（Andy），我们在商场，你坐在推车里，如果妈妈需要帮助，你就帮助妈妈一起购物。如果你选择从推车里爬出来，大哭或尖叫，我们就立刻回到车里。”当然，对两岁的孩子来说，购物之前最好给孩子吃饱，换过干净的尿布，并且孩子还没到闹觉的时候。这个年龄的孩子可以向之前三岁的孩子一样接受训练。也许会花一到两个小时，也许要比大点的孩子多重复几次。但是，我们得这样来看待这事：训练好了，你就可以经常去商店了。另一方面，养育孩子是你人生中最重要的事情，要想做好这件事，需要深谋远虑，也需要技巧。

附件 B：一些基本概念

养育计划（婚前）

绝大多数家长的问题在于，他们不会未雨绸缪。例如，大多数新婚夫妇在做结婚计划时，都没有考虑过养育计划。伯特讲过这样一对夫妻的故事：

最近，我与一对男女双方都很优秀的情侣吃饭，他们已经订婚准备结婚。男士是高中校长，女士是小学老师。这位年轻女士——我叫她詹妮弗（Jennifer）——看了我一会儿说："西蒙斯先生，你知道马修（Matthew）和我准备六月结婚。你能给我们一点什么建议吗？"

我说："好，我给你们一条建议。你们计划要孩子吗？"

"是的，"她说。

马修插嘴说："我想要五个孩子。"

詹妮弗笑了。我说："你们可以聊聊打算怎么培养孩子。

马修说说他的想法，你也和马修聊聊你的想法，如果不提前沟通的话，你们可能将来会出现冲突。”

马修和詹妮弗是典型的婚前没有讨论过如何培养孩子的例子。除非丈夫和妻子咨询过婚前顾问或参加过类似活动，否则一般人都不会讨论养育孩子的事情。但是，养育孩子是世界上最重要的事情，如果夫妻双方能在婚前就一起讨论未来孩子的培养方式，这是负责任的、积极主动的态度，也绝对是值得的。在谈到养育计划时，可以讨论如下问题：

1. 你会采取哪种管教方式？具体一点。（例如，是否可以打屁股？计时隔离？限制外出？取消某项权力？）

2. 作为家长，你的目标是什么？你希望向孩子灌输什么样的价值观？（例如，孩子如何学会讲礼貌？他们应该怎样和人说话？家庭中是否允许任何形式的出言不逊？我们对饮酒和毒品持什么态度？）

3. 我们如何处理上学和成绩的关系？期望是什么？（例如，取得什么样的成绩就可以了？希望孩子上大学吗？我们该怎么付学费？）

4. 我们对孩子采取什么样的宗教或精神教育？（例如，如果夫妇双方信仰不同的宗教，在抚养孩子时如何解决？）

5. 我们怎么度假，和谁一起度假？

6. 怎么样才算营养丰富？如何培养孩子健康的生活习惯？（例如，一天能看多长时间电视？孩子应做多少运动？）

这个清单中还可以增加你所能想到的任何其他事项。记下你也赞同的观点，标注日期，并放置在安全的地方。

无为型和敌对型家长
与自信果断和积极主动家长之间的对比

无为型和敌对型家长

绝大多数人都习惯性地无所作为，往往会累积敌意，从而可能带来家庭暴力。这种情感和肢体上的暴力行为来源于不坚定行为（不作为）的积累，放任负面情况不断出现，之后再以愤怒和敌意的方式爆发出来。不懂得如何处置怒火的人就会变

得有敌意。

无为型和敌对型家长常常有如下共同特征：

- 通过让孩子感到恐惧的方式，来实现家长的目标
- 大喊大叫
- 尖叫
- 威胁
- 批评
- 放弃孩子
- 缺乏一贯性
- 没有计划性

后知后觉的家长没有做好如何处置孩子不良行为的预案，这也是为什么亲子关系的结果往往是父亲和孩子双方都感到沮丧。

他们缺乏一贯性，不能严格遵照养育计划，所以难以获得积极成效。

自信果断和积极主动的家长

积极主动和自信果断的父母会提前做好预案，会制定计划。他们自身的行为方式也是果断坚定的，意味着他们绝不会以他人为代价来满足自身需求。他们坚定、公正，始终如一。如果你是果断坚定的人，你就能采取恰当方式来满足自己需求，而绝大多数父母不具备这样的特点。

自信果断和积极主动的家长通常具备如下共同特征：

- 灵活运用养育技巧，始终如一，坚持执行，来实现养育目标。
- 对严重不当的行为，制定了有效的处理计划（包括实施步骤）：1–2–3–4–5–6……“这就是我打算要做的。”
- 坚持：“我不会走开置之不理的。”
- 寻求教师、咨询专家和学校管理者的支持。
- 执行计划！

看起来公平，听起来公平

“看起来公平”是指面向孩子，保持眼神接触，可以不用面带微笑。需要的时候点头表示赞同。表达你的关心。如果可以妥协，那么就与孩子商量。不要争论。必要的时候发出“重复指令”或使用模糊回应。

听起来公平是指使用带有选择性的词汇。告诉孩子：“你有选择权。如果继续和我争论，你就再也不能用车了。我关心你的安全，这就是我的立场。”就此终止谈话。

家长要把握好这个讨论结束的时间点。如果你们的亲子关系一直都相互信任、言行一致，那么孩子会遵从父母的决定，且没有过多怨言。当时他可能会自怨自艾，但这是为了挽回面子，最终他会理解家长的决定，无论他个人是否喜欢这个结果。

如何处理突如其来的愤怒：走开，运用以“我”开头的第一人称句式和矛盾反应

走开

如果你非常生气，无法控制自己采取保持文明友好的态度，那么和孩子说，你必须先去冷静一下，然后离开。等双方都平静下来，再反过头来和孩子讨论。

运用以“我”开头的第一人称句式

这并不是一项与生俱来的技能，需要后天学习。许多人已经体会过它的妙处。当你感到愤怒时：

- **描述你所看到的**：采用以“我”开头的第一人称句式。“我看到一大堆昨天就嘱咐你洗的衣服，我还看到了一大堆还没有做完的家庭作业。”“我看到你的进度报告了，我觉得不可接受。”“我看到半小时前就应在这里的人现在才到这。”
- **描述你的感受**：“我觉得非常生气和失望。”“我觉得你并不珍惜自己的教育机会，没有把我当回事。”“你说你会来，但实际你没来，我很担心，和别人在一起也觉得不舒服。”
- **描述需要做的**：“今天必须把这些脏衣服洗了。”——“先把家庭作业做了，再去做其他事。”——“要做一个守信的人，这很重要。这意味着你要执行自己所说的计划。”

矛盾反应

做出出人意料的反应。生气的一个自然反应是缩紧肚子，脸上露出愤怒和痛苦的表情。要有意地注意自己的表情和感受。

这需要控制，也需要加以练习。家长要做的是：

- 把肚子放松下来。
- 脸上流露出确定的、安静的、思考的表情。
- 让头脑取代身体的本能反应。后退一步，把动作放缓。
- 降低音调，或者根本不开口。
- 你甚至可以先离开，平静下来后再指出问题。

打断兄弟间的打架：选择其中一个孩子

孩子们打架，家长容易犯的一个错误是试图找出引发争斗的孩子是谁。告诉孩子，下次如果再发生类似的事情，你会选择其中一个去管教："我只会选择其中一个，因为我知道你们俩都参与打架了。"所以，吉米（Jimmy）和乔尼（Johnny）打架了，父母说："吉米过来！"

"但是，是他先打我的！"你带走一个孩子，就没有听信一个孩子的话去压倒另一个。这就是公平的！家长想做到公平、公正、听取所有参与者的意见，但是这样太浪费时间，你的目标是快速让打架终止。采取这种方式，所有参与打架的孩子就都停下来了。

“你想怎么处置我？”孩子问道。

“接下来三个小时，你都要跟着我。”

然后，你要确保接下来三个小时，都让孩子在枯燥乏味中度过。如果你能记住这次选择的是哪个孩子，下次就要选择另外一个，但是也不需要为选择哪一个孩子过于费心。

学校和家庭共育计划：优先权利和废除权利

- 决定孩子理想的行为是什么样
- 教育孩子采取理想的行为
- 提醒孩子的行为——要经常性地提醒
- 留心观察
- 采用积极的再次强化行为（激励，奖励）
- 制定计划：按照优先顺序排列孩子喜欢的活动（参见如下例子）

小学阶段

1. 电视

2. 自行车

3. 朋友

4. 电子游戏

5. 晚休时间（比平时早一个小时睡觉）

中学阶段

1. 手机

2. 汽车

3. 电脑

4. 电视

5. 朋友

如果有必要，让学校工作人员也加入到孩子的管教计划中来（如果有入学问题或在校有行为问题），采取如下行动：

- 告知学校工作人员你的管教计划，描述他们在计划中参

与的工作（带孩子步行到教室，每天早上和孩子有简短的交谈等等）

- 到学校工作人员（老师或管理者）那了解每天孩子在校的情况

如果有不当行为，采取惩罚措施，每天取消一项权利，如要求（小学生）提早一个小时睡觉。行为良好就能像往常一样享受所有的权力。

张贴家庭规则

规则通常是口头的，但是如果能写下来，张贴在冰箱上，也没有坏处。如下是为八岁孩子所写的例子：

赖安：

1. 练习完棒球后，把棒球棍和球放好。
2. 如果 7：30 以前完成家庭作业，你就能看会儿电视。
3. 阅读时间和玩游戏的时间必须一样长。
4. 和小妹妹说话时，用室内能听见的声音大小即可。

5. 即使是你的朋友过来了，也不要在屋子里跑动。

提供积极支持

对于十二岁以下的孩子，要表扬他们本人和取得的成绩。对于青少年，表扬他们所做的事情和做好的成品，而不是他们本人。（青少年无论是收到正面反馈还是负面反馈，都会觉得自己被评判了。）给予内在奖励（积极的内在成就感和自尊感），而不是物质奖励。提供内在激励，而不是外在奖励。

非言语的表扬：

使眼色

竖大拇指

“击掌庆祝一下”

微笑

点头

拍拍肩膀

特殊的握手方式

拥抱

采用积极行为强化周期。总是给予积极行为三倍肯定，消极行为一倍否定：一倍否定☹，三倍肯定☺☺☺——要经常性地这么做。

致 谢

我要感谢我的父亲伯特·西蒙斯（Bert Simmons）及其妻子贝蒂·乔（Betty Jo），感谢他们赋予我灵感，给予我建议，帮助我提高写作技巧，以及所付出的努力，没有这些，就没有本书问世。同样感谢我家中的每位成员，他们鼓励我，特别是我的妹妹桑迪（Sandy）和母亲艾斯特（Esther），她们总是相信我和我的作品。

感谢 Cedar Fort 公司，感谢泰德（Ted）和里兹·弗里曼德尔（Liz Freemantle）对我的支持，让我在非常困难的情况下，依靠祈祷渡过难关，完成本书的写作。同样感谢博塞尔高中的管理层，特别是堂娜·托（Donna Tyo），在正面管教方面，他是我们许多人的榜样。

我深深感谢文中所引用的各位作者，他们的智慧和分析在许多方面都超越了我本人。同时也深切感谢我的学生们，他们为本项目提供了见解。

感谢我的朋友和家人：肯（Ken）和乔·希曼斯基（Joe Symanski）、金姆·格兰顿（Kim Glandon）、凯瑟琳·弗兰特尼斯（Kathleen Flatness）、卡迪亚·桑德斯（Candia Sanders）、崔西·荷兰德（Tracy Herrold）、艾米·米瑟维奇（Aimee Misovich）和凯瑟·福德瑞斯（Kathy Phoutrides）。你们对这一项目的信任甚至超越了我自己。你们的支持比你们想象得更重要。

我还深深地怀念和感激金格·查德威克（Ginger Chadwick）。我想起她除圣诞以外的其他时间里从不对学生微笑，但却在五月份和他们打起水枪枪战。对此我深表感激。深深感谢上帝，感谢他给予我生命中的全部机会，我把他的祝福送给拥有本书的每一个人！